일본 고대사와 한민족

증산도 상생문화총서 4
일본 고대사와 한민족

초판발행	2009년 07월 02일
초판2쇄	2009년 07월 13일
초판3쇄	2012년 02월 22일
지은이	김철수
펴낸이	안중건
펴낸곳	상생출판
주소	대전시 중구 선화동 425-28번지
전화	070-8169-0006
팩스	042) 256-8042
홈페이지	www.sangsaengbooks.co.kr
출판등록	2005년 3월 11일 (제175호)

배본 대행처/대원출판

ISBN   978-89-957399-7-6
ISBN   978-89-957399-1-4(세트)

값 6,500원

일본 고대사와 한민족

시작하면서

'단군은 신화인물에 지나지 않는다.'
'조선사는 위만조선부터 시작되었다.'
'일본은 임나일본부를 두어 한반도 남부를 경영하였다.'
'일본의 한국강점은 경제발전에 큰 도움을 주었다.'
'독도는 일본 땅이다.'

일본이 한민족의 역사를 왜곡하는 발언들이다. 틈만 나면 일본은 이런 망언을 되풀이해 왔다. 그뿐만이 아니다. 해마다 8월이 되면, 소위 '대동아 전쟁'을 일으킨 전범戰犯 주역들이 합사된 야스쿠니靖國신사 참배문제로 주변국들을 자극한다.

주변국에 뼈아픈 고통을 안겨줬다는 사실은 자신들의 기억에서 지워버리고 아랑곳하지 않는다. 정부 관료이든 언론인·지식인 할 것 없이 일본인 모두가 이러한 경향은 대동소이한 듯하다. 참으로 어진[仁] 마음이 보이지 않는 역사인식이다. 이러한 일본의 역사인식은 전형적인 '상극相克의 역사관'이라 할 만하다.

역사란 무엇일까?

누구나 서슴지 않고 역사는 지나간 일(과거)의 기록이라 대답한다. 옳은 말이다. 그러나 역사는 결코 지나간 사실을 그대로 다시 그려내는 것이 아니다. 지나간 날의 천만가지 일을 뜻도 없고 차례도 없이 그저 조각 맞춤한다고 역사를 아는 것이 아니다. 역사는 현재뿐만 아니라 미래의 우리와도 관련을 맺기 때문에 더욱 중요하다. 그것은 우리 안에 살아 요동치며 미래의 새로운 세계관을 지어낼 뿐만 아니라, 우리 삶에 바람(기운)을 세차게 넣어주는 풀무인 셈이다.

때문에 역사의 흐름을 정확히 알고, 역사적 값어치가 있는 일을 뜻이 있게 붙잡는 것이야 말로 올바른 역사의식이다. 더구나 참된 진리에 접근하기 위해서는 '성성醒醒하고 올바른 역사의식'이 반드시 필요하다.

그러면 우리가 왜 일본의 역사, 그것도 일본의 고대사를 알아야 하는가? 먼저 결론부터 말한다면, 일본 고대사의 뿌리가 한민족에 있기 때문이다. 이것이 이 책의 주요 내용이기 때문에, 여기서 상세하게 밝힐 필요는 없을 것이다. 책을 읽다 보면 일본문화의 뿌리가 한민족에 있음을 저절로 알게 된다. 다만, 우리가 여기서 일본의 고대 역사를 아는 것 또한 그 뿌리인 한민족의 역사를 확인하는 사실임을 먼저 염두에 둘 필요가 있다.

이를 확인하기 위해 우리가 꼭 알아야 할 내용이 신교神教 문화이다. 신교는 고조선 이전의 상고시대 이래로 우리 조상들이 국교로 받들어 온 한민족의 생활문화이다. 뿐만 아니라 인류문화의 모태이자 시원종교(Ur-religion)로서 전 인류 보편의 생활문화이다.

그 신교의 중심에 삼신三神이 있다. 삼신이란 무엇인가?

> **"홀연히 열린 우주의 대광명 가운데 삼신이 계시니, 삼신三神 은 곧 일신一神이요 우주의 조화성신造化聖神이니라. 삼신께 서 천지만물을 낳으시니라."**(『도전』 1:1:2-3)

삼신은 우주의 중심에 살아있는, 천지만물을 낳은 조화주·창조주 하나님이다. 우주 만유는 이 삼신의 소산이요 자녀들이다. 만유생명에는 삼신의 숨결이 깃들어 있다. 이 삼신과 하나되시는 통차자 하나님을 삼신 상제님이라 한다.

> **"이 삼신과 하나 되어 천상의 호천금궐昊天金闕에서 온 우주 를 다스리시는 하느님을 동방의 땅에 살아온 조선의 백성들 은 아득한 예로부터 삼신상제三神上帝, 삼신하느님, 상제님이 라 불러 왔나니 상제는 온 우주의 주재자요 통치자 하느님이 니라."**(『도전』 1:1:4-5)

상제上帝는 동방 신교에서 약 6천년 전부터 불려온 '하나님의 본래 호칭'이다.[1] 때문에, 신교문화를 한 마디로 상제문화라고 한다.

우리 한민족은 고래로부터 아버지 하나님인 상제를 받들고, 천지신명과 민족의 뿌리인 환인·환웅·단군의 삼성조를 함께 모셔왔다.

> **"동방의 조선은 본래 신교神敎의 종주국으로 상제님과 천지신명을 함께 받들어 온, 인류 제사 문화의 본고향이니라."**
> (『도전』 1:1:6)

이런 한민족 혼의 원형이자 뿌리인 삼신 하나님의 신교문화의 흔적은 제천문화祭天文化속에서 오늘날까지 전해지고 있다. 하지만, 신교문화는 유교·불교·서교(기독교) 등 외래 종교 뿐만 아니라 중국과 일본의 역사왜곡이라는 불의의 칼날에 잘려 나감으로써 그 존재가 사라졌거나, 내용이 변질되어 부분적으로 샤머니즘의 형태로 남아있을 뿐이다.

일본문화에도 이런 신교문화의 흔적이 남아있다. 일본의 고대 신화와 일본민족의 중심 종교인 '신도'神道를 살펴보면, 우리는 어렵지 않게 신교의 흔적을 찾아볼 수 있게 된

---

1) 안경전, 『개벽 실제상황』, 대원출판사, 2005, 243-244쪽.

다. 일본문화의 뿌리가 한민족에 있음을 알 수 있는 근거들이다.

그럼에도 불구하고 일본은 극심한 역사적 열등감으로 한을 품은 때문인지, 뿌리역사를 왜곡할 뿐만 아니라 틈만 나면 조선을 잡아먹으려는 꿈을 꾸어왔다. 뿌리역사를 통째로 먹어치우고 자기들이 역사의 주인노릇을 하려는 야망이었다. 이러한 일본의 천인공노할 만행은 씨를 말려도 분이 풀리지 않을 것이다. 이는 한 나라로 치자면 구족을 멸할 역모사건이다.

한술 더 떠 그들은 문화의 모국, 곧 한민족의 역사마저 왜곡하고 그 뿌리를 자르려 하였다. 결국 한민족의 고대사 일부는 잘려나갔다. 오늘날 한민족의 일부 연구자들조차 제 나라의 잘린 역사관에 동조하는 가슴 아픈 현실이 되었다. 그들이 한민족의 고대사를 바르게 보려는 사람들과 서로 삿대질 해댄 탓에 한민족사는 만신창이가 되어 버렸다.

자신의 제대로 된 고대사가 무엇인지도 모르는 혼란된 역사관을 가진 나라는 지구상에 매우 드물 것이다. 이렇듯 한민족의 역사가 고난의 점철로 얼룩졌고, 한민족은 역사를 잃어버린 혼 빠진 역사의 주인공으로 전락할 처지에 놓였다.

이러한 일본의 역사왜곡 행위는 바로 유구한 9천년의 한민족 역사를 난도질하는 극악무도한 짓거리인 것이다. 뿐만 아니라, 자신들의 역사도 한민족의 역사라는 뿌리역사까지 배반하는 천지가 뒤집힐 역사왜곡 사건이다. 안타깝게도 일본의 이러한 역사왜곡 행위가 쉬지않고 반복되어 왔다.

더욱이 16세기 말의 임진란을 거치고 19, 20세기에 들어서면서 그 패악의 정도는 더욱 심해졌다. 한민족의 혼을 빼앗기 위해 일본은 모든 수단을 동원하였다. 무력강점, 경제침탈, 왜곡된 역사서『조선사』의 출간, 한민족의 혈통을 없애기 위한 한·일민족간 혼인장려, 종교통제 …… '인류역사상 전례없는 극단적인 한민족사 왜곡·말살과 침략을 감행' 해 온 일본의 역사였다.

심지어 서울 남산에 조선신궁을 세워 일본의 시조신 아마테라스오오가미天照大神를 진좌鎭座하여 한민족으로 하여금 예배하게 하였다. 조선신궁에는 단군성조를 아마테라스 밑에 합사하여 민족의 뿌리를 아예 제거하려 하였다. 이 얼마나 무서운 일인가!

1871년, 동방 신교문화의 상제의 신원으로 이 땅에 내려온 강증산 상제(1871-1909)는 "나도 단군의 자손이니라"(『도전』2:26:3)고 하였다. 그런 한민족의 시조始祖까지 바꾸려하다니. 한걸음 더 나아가 일본은 자신들의 정신적 고향 부여에도 부여신궁을 세우려 했다. 비록 패망으로 그 뜻은 좌절되었지만, 그 수단과 방법은 끝이 없을 정도였다.

이 책이 의도하는 바는 '상생의 새 역사'이다. 본래 상생문화는 가을개벽의 정신인 원시반본原始返本에서 온 것이다. 가을의 추수정신 원시반본을 통해서만 진정한 상생의 의미를 알 수 있다. 원시반본은 '시원을 찾아 근본으로 돌아간다'는 뜻이다. 가을이 되면 초목은 그 진액을 뿌리로 되돌리고 열매를 맺어야 산다. 마찬가지로 인간도 천지의 여름과 가을이 바뀔 때는 나의 생명의 근본을 찾아야, 역사의 뿌리와 진리의 근원으로 돌아가야 산다.

가을에는 뿌리로 돌아가지 않으면, 근본으로 돌아가지 않으면 생명이 죽어서 소멸되고 만다. 이것이 가을철의 대자연 섭리이다. 역사도 마찬가지이다. 뿌리를 부정하는 역사, 뿌리가 잘린 역사, 근본을 찾지 못하는 역사는 열매맺지 못하는 배은背恩의 역사 곧 죽은 역사이다. 생명의 근원으로 돌아가는 것! 이것이 원시반본이다.

> "이 때는 원시반본原始返本하는 시대라. 혈통줄이 바로잡히는 때니 환부역조換父易祖하는 자와 환골換骨하는 자는 다 죽으리라."(『도전』 2:26:1-2)

또 원시반본은 인류사의 시비문제의 근본을 찾아 그것을

바로잡아야 한다는 의미이다. 진정한 상생은 비극의 근원이 된 상극질서를 바로 잡고, 가슴속에 맺힌 원망을 씻어내는 해원解冤의 과정을 거쳐야 비로소 이루어진다는 말이다. '너의 근본과 네 뿌리로 돌아가라' 는 원시반본의 가을정신이 지향하는 세계는 바로 상극의 원한을 극복한 상생의 새 세상인 것이다.

이러한 상생의 새 역사를 이루기 위해서는 먼저 '정의롭게 보는[義] 역사' 가 필요하다. 그것이 '의義의 정신' 이고, '가을의 정신' 이다. 봄, 여름에 왕성한 분열활동으로 울창한 잎을 자랑하던 나무도 가을이 되면 낙엽들이 떨어지고 나무의 진액은 제 뿌리로 돌아간다. 이러한 가을의 역사정신에 따라 모든 왜곡된 역사가 바로잡힌다.

역사를 단순히 옛 시대의 영광을 되찾자는 낭만적 시각으로 봐선 안 된다. 이 땅을 침탈한 점령자에 대한 증오를 쏟아내는 것이어선 더욱이 안 된다. 그렇다고 문제가 해결되지 않기 때문이다. 이 책은 '정의롭게 보는 역사' 의 정신에 서서, 먼저 일본의 시원역사가 어디이며, 그들 문화의 내용이 무엇이며, 그들이 늘 자랑스럽게 내세우는 '만세일계' 왕가의 뿌리가 어디인가를 낱낱이 드러내 보았다. 새로운 역사를 열어가기 위해 그 역사의 매듭을 명쾌하게 풀어보자는 것이다.

여기서 다루는 주요 내용은 다음과 같다.

1장에서는 일본의 역사와 '신도'의 머리에 있는 삼신신앙이 한민족에서 유래되었음을 밝혔다.

2장은 일본 천손강림天孫降臨 신화를 분석하여 다카마노하라高天原와 스사노오노미고토素戔嗚尊・須佐之男命 역시 모두 한반도와 연결되어 있음을 논증했다.

3장은 일본 천황2)가의 뿌리를 추적하여 그 뿌리가 백제에 있음을 밝혔다. 그 과정에서 '일본 고대사가 한민족의 역사'이며 조선은 일본의 선생국이라는 사실을 지적하였다. 아울러 백제의 멸망과 더불어 품게 된 일본의 한恨도 추적해 보았다.

4장은 일본 고대에 벌어진 역사왜곡 문제를 다루었다. 이는 한을 품은 일본이 '일본 고대사는 한민족사'라는 사실을 숨기면서 시작되었다. 7세기에 이루어진 『일본서기』 등 역사서 편찬 및 왕도王都 변경 등은 '일본 만들기'의 핵심 조

---

2) 의미상으로는 '천황'天皇이란 용어보다 '일왕'日王의 용어가 적절하긴 하나, 여기서는 이해의 편의상 일본에서 사용하는 '천황'이란 용어를 그대로 사용하겠다.

치들이었다.

'일본 고대사는 한민족의 이주사'임을 밝힌 『개벽 실제상황』은 '일본 고대사의 진실은 무엇일까'라는 물음에 대해 이렇게 적고 있다. "고대 한민족은 일본열도에 문화를 뿌리내린 선진문화의 주인공이었다. 즉 한국은 일본의 정신적 조국이며 고대사의 전 과정에 걸쳐 가르침을 준 스승의 나라인 것이다. 그러니 일본은 지금 얼마나 비열하고 끔찍한 배사율背師律을 범하고 있는 것인가? 가을개벽의 정의의 칼날에 의해 단호히 바로잡혀야 할 너무도 큰 불의의 표본이 아닐 수 없다"(177-178쪽)라고. 곧 일본의 역사왜곡 행위는 배은背恩의 행위이며, 바로잡혀야 할 불의라고 경고한 것이다.

이 책은 이처럼 한반도와 일본의 실타래같이 얽힌 역사를 풀어보기 위한 첫 번째 시도이다. 일본 고대사를 중점으로 다룬 것은 극심한 역사적 열등감을 품고, 기회만 되면 뿌리 역사를 왜곡하며 한민족의 삶에 고통을 가하는 일본 역사의 뿌리 실체를 살펴보기 위함이다.

차례

참고자료

신교문화의 흔적이 남아있는 일본.

한민족이 이주해 만든 일본.

역사를 왜곡하며 홀로서기를 이룬 일본.

일본과 한국간의 질기디 질긴 역사전쟁.

그리고 끊임없는 한민족 역사에 대한 왜곡과 망언들.

기회 있을 때마다 야욕을 드러내었던 일본이다.

심지어 임진란을 일으켜 한민족을 침략했고 응징도 당했지만,

꿈을 접지 않는 일본이었다. 20세기 초에는 한국을 강점하여

40여년 동안 온갖 만행을 저지르기도 했다.

앞으로 얼마나 길고 긴 악연의 길을 걸을 것인가.

이 전쟁이 아직도 끝나지 않았지만,

'상생의 새 역사' 그리고 '정의롭게 보는[義] 역사' 라는

대경대법한 틀에서 정리해야 하겠다.

(본문 중)

일본 역사의 시작, 조화삼신造化三神

태시太始에 하늘과 땅이 '문득' 열리니라. 홀연히 열린 우주
의 대광명 가운데 삼신이 계시니, 삼신三神은 곧 일신一神이
요 우주의 조화성신造化聖神이니라. 삼신께서 천지만물을 낳
으시니라. 이 삼신과 하나 되어 천상의 호천금궐에서 온 우
주를 다스리시는 하느님을 동방의 땅에 살아온 조선의 백성
들은 아득한 예로부터 삼신상제三神上帝, 삼신하느님, 상제
님이라 불러 왔나니 상제는 온 우주의 주재자요 통치자 하느
님이니라. 동방의 조선은 본래 신교神敎의 종주국으로 상제
님과 천지신명을 함께 받들어 온, 인류 제사 문화의 본고향
이니라.(『도전』 1:1:1-6)

'삼신 숭배는 한민족의 고유신앙'이다.[3] 삼신이란 무엇을 뜻하는가? 삼신은 '홀연히 열린 우주의 대광명 가운데 있고, 우주의 조화성신이며 천지만물을 낳았다'고 하였다. 삼신은 만물생명의 근원이며 '자연질서의 뿌리'로서 영원한 생명과 '빛의 본원'인 것이다. 대광명으로 충만한 우주의 중심에 살아계시는, 천지만물을 낳으신 조화주, 창조주 하나님이다. 우주 만유는 이 삼신의 소산이요 자녀들이다. 모래알 하나까지도 삼신하나님의 작품이 아닌 바 없다. 그래서 만유 생명에는 삼신의 숨결이 깃들어 있다.[4]

그런데 왜 '삼'신일까? 왜 석 '삼'三자를 붙여 삼신이라 했을까? 삼신은 세 분의 신을 말함이 아니다. 세 분의 신이 독립적으로 존재한다는 의미가 아니라, 신은 본래 일신一神이지만 한 하나님이 하나속에 셋이 깃들어 있는 '즉일즉삼' 即一即三의 3수의 신성과 주재원리로 만유를 창조, 섭리한다는 뜻이다. 옛 군왕이 임금[君]이자 스승[師]이자 아버지[父]였듯이, 삼신도 조화造化·교화敎化·치화治化라는 세 가지 덕성을 가진 한 분의 신[一神]이다.

---

3) 한영우, 『다시찾는 우리역사 1』, 경세원, 2005, 27쪽.

4) 안경전, 『개벽실제상황』, 대원출판, 2005, 243쪽.

『환단고기』도 이런 내용을 전한다. "문득 삼신이 계셨으니 곧 한 분의 상제시라. 주체는 곧 일신一神이니 각각 신이 따로 있음이 아니나, 쓰임은 곧 삼신이시라."[5] 곧 우주의 조화성신인 한 분의 신이 현실세계에서 조화신 · 교화신 · 치화신의 세 가지 신성으로 작용한다는 뜻이다.

이 삼신과 '하나' 되어 천상 보좌에서 우주 자연질서와 인간 역사를 총체적으로 다스리는 인간형상을 하고 계신 주신主神을 '삼신상제' 또는 '상제'라 불러왔다. 따라서 상제는 삼신의 3대 조화권능(부父의 조화권, 사師의 교화권, 군君의 치화권)을 우주역사 속에 직접 행사하며, 아버지와 스승과 임금으로서 인간과 신들을 구원하여 이상세계를 땅위에 실현하는 대우주의 통치자이다.

---

5) "却有三神, 卽一上帝, 主體則爲一神, 非各有神也, 作用則三神也."(『환단고기』 '삼신오제본기'). 『환단고기』는 강단 사학자들에 의해 사료적 신빙성이 부정되기도 하지만, 그들이 비판하는 근거는 본질적인 부분이라기 보다는 '문화, 평등과 같은 근대적 자구字句의 사용' 등 지엽적인 것이다. 그보다 『환단고기』가 '한민족의 정신사' '동방의 시원역사를 원형 삼신문화의 역사관'으로 기록한 신교문화의 사서임은 부정할 수 없다. 이에 대해서는 안경전 역주, 『환단고기 1. 삼성기』, 상생출판, 2009의 서두에 있는 "『환단고기』란 어떤 것인가"를 참조.

그리고 그 삼신상제의 가르침이 신교神敎이다. 말을 바꾸면 신교의 중심에 삼신상제가 있다는 것이다. 신교는 뿌리 역사의 생명이자 혼이다. 인류문화의 모태이자 시원종교(Ur-religion)로서 전 인류 보편의 생활문화였다. 역사가 시작된 이래 동방의 한민족은 삼신의 조화권을 쓰는 상제를 받들며 천지신명과 민족의 뿌리인 환인·환웅·단군의 삼성조三聖祖를 함께 모셔왔다. 삼성조는 우주의 삼신과 삼신상제의 도를 한민족의 시원역사에 처음 드러낸 국조 삼신이다.

이렇듯 한민족은 각기 자기 조상신을 섬기며 신교를 바탕으로 인류문명을 주도해 왔다. 제정일치祭政一致로 통치자는 지존자인 상제에 대한 기도와 경배를 통해 대우주 속에 충만한 '삼신하나님의 성령'을 받아내려 세상을 다스렸으며 종교·문화·일상생활에 이르기까지 만사를 신의 가르침을 받아 영위하였다. 신교는 인간 삶의 안내자요 역사의 지침이었던 것이다.

놀랍게도 일본 역사의 정점에도 '삼신'이 보인다. 보다 정확히 말하면, 『일본서기』와 『고사기』의 '신대기'神代記에 보이는 '조화삼신'造化三神이 그것이다. 세 신은 아메노미나카누시노가미天御中主尊와 다카노무스비노가미高皇産靈尊 그리

일본신화에 나타난 조화삼신 | 인물로 그려진 두 신은 이자나기 · 이자나미 부부신이다.

고 칸무스비노가미神皇産靈尊를 말한다.[6] 일본역사의 삼신은 그 각각의 역할이 앞에서 보았던 것처럼 조화·교화·치화로 뚜렷하게 구분되지는 않는다. 다만, 아메노미나카누시노가미는 천지·천상계의 주재신主宰神으로 보이며, 나머지 두 신인 칸무스비노가미와 다카노무스비노가미는 일본 고유의 신으로 만물의 생성·생장을 관장하는 신이다. 그리고 칸무

---

6) 『일본서기』에 존귀한 신을 尊이라 하고, 나머지를 命이라 했다. 모두 '미코도'라 읽었으며 神神이다. 일본에서 신을 '가미' カミ라 한다. 가미의 어원에 대해서는 '가가미'鏡의 생략이라는 설과 '윗 상'上과 동일 의미를 지닌다는 설, '가쿠레가미'隱身의 생략이라는 설 등이 있다. '가미'는 선악, 귀천, 강약, 대소 그리고 초인적이냐 아니냐 하는 구분도 의미있지만, 그보다 어떤 의미에서든 위력있는 존재를 뜻한다. 우주 삼라만상 가운데 위력을 발현하는 것은 무엇이든 가미가될 수 있다. 때문에 가미가 많을 수밖에 없다. 일본에는 야오요로즈노가미八百万神라는 관념이 있다. 八百万神은 신이 무수히 많다는 뜻이다. 실제로는 1천이 좀 넘는 신들이 보이고, 『고사기』에도 300개 이상의 신이 등장한다. 모토오리 노리나가本居宣長(1730-1801)는 신을 이렇게 정의했다. "가미는 우선 옛 기록에 나타나는 하늘과 땅의 신이며, 또한 그 신들을 숭배하는 장소인 사원에 거주하는 정령들이다. 거기에 인간도 포함된다는 것은 말할 필요조차 없다. 그리고 조류, 짐승, 수목, 초목, 바다 같은 것도 포함된다. 옛날 관례로는 비일상적인 것, 초월적인 덕목을 지닌 것, 경외심을 불러 일으키는 것은 무엇을 막론하고 '가미'라고 불렀다." 광범위하게 받아들여지는 정의이다. 졸고, "일본의 신관", 증산도상생문화연구소, 『동서양 신관』, 2007을 참조할 것.

스비노가미는 뒤에 보게 될 이즈모出雲 계통의 신이며, 다카노무스비노가미는 이세伊勢 계통으로 아마테라스오오노가미와 연결된 신이라 말할 수 있다.

일본역사에서 하늘과 땅이 처음 열릴 때, 이 삼신은 조화의 머리였다. 개벽과 더불어 삼신이 함께 했다. 이렇듯 일본 신화도 '삼신'에서 시작되었다. 신화는 기억의 흔적이다. 엘리아데Mircea Eliade에 의하면, 신화는 항상 태고적 '그 때'illum tempus를 염두에 두며, '원형'原型(archetype)을 담는다. 그 원형을 발굴함으로써 원형으로부터 일탈한 실태도 확인 가능하다. 신화 속에 남겨진 그 편린들을 모으면 원형을 엿볼 수 있다.

일본의 원형문화를 찾으려 하면 '신도'神道를 아니 볼 수 없을 것이다. 신도는 일본 고유의 역사이자 종교이기 때문이다.[7] 구메 구니다케久米邦武는 이러한 일본의 "신도가 제천祭天의 옛 풍속"이라 지적하였다.[8] 그의 주장의 요지는 다음과 같다.

> '일본은 경신敬神의 나라이며, 일본의 신도는 제천보본祭天報本에서 생겨난 풍속이다. 하늘을 받들며, 천신의 아들[天子]을 나라의 제帝에 봉하고 제정일치의 다스림을 행한 것이다.'

이런 내용은 당연히 신도를 근간으로 만들어진 소위 만세일계의 일본 천황가와 신도계의 분노를 사지 않을 수 없었다. 그는 이 논문을 발표한 직후 도쿄東京대학 교수직에서 추방당했다.

그런데 '제천'이란 무엇인가? 그것은 본디 삼신상제를 모

---

7) 문화청 조사(2002.12.31)에 의하면, 종교법인으로 등록한 신사의 숫자는 81,304 개소(많은 곳-효고현 3,861개, 니가타현 4,791개)이다. 뿐만 아니라 신사들은 아직도 계속 만들어지고 있다. 대표적 신사로는 이세, 이즈모, 하치만, 이나리, 텐만궁, 가스카 신사 등이 있다. 신사의 주요 의식으로는 오하라이お祓い(푸닥거리. 6, 12월의 액막이 행사), 노리토祝詞, 사카끼榊(신사 경내의 신성한 나무, 비쭈기나무), 다마구시玉串(비쭈기나무에 매단 종이), 오마모리お守り(부적), 호부護符, 하마야破魔矢, 그리고 결혼식, 하쯔모데初詣(연평균 8천만명 이상 참가), 시찌고산七五三 등이 있고, 가도마쯔門松, 시메나와(검줄. 왼새끼줄. 미곡은 사람의 생명이 매여있는 至寶), 세쯔분(입춘 전일:볶은 콩을 뿌려 잡귀를 쫓는 의식)도 있다. 신사에 가면 도리이, 고마이누, 테미즈야手水舍, 제신祭神과 신체神體(제신을 상징하는 예배 대상물, 구슬, 거울, 칼 등), 가츠오기(용마루에 직각인 나무), 에마繪馬, 오후다御札, 오미쿠지御神籤, 미코巫女, 가미다나神棚를 보게 되며, 신직은 구지宮司, 네기禰宜 곤네기權禰宜가 봉사한다. 신궁(주로 황실관련), 궁, 대사大社(대중소사의 사격)가 큰 형태이며 그 외 대부분은 신사이다. 우지가미氏神형 신사와 간조우勸請형 신사(신의 분령을 모셔 개인기원 중심)로도 구분 가능하고, 일반적으로 신도는 '마쯔리의 종교', '종교 이전의 원초적 종교', '교조도 경전도 없는 종교', '생활과 밀착된 전통문화일 뿐', '신앙없는 종교'라고도 불린다.

8) 久米邦武, "神道は祭天の古俗", 『史學會雜誌』 10-12월, 1891.

시는 상제문화의 대표적 제천행사를 일컫는다. 앞에서 본 신교를 달리 표현하면 '상제문화'라 한다. '상제'는 동방 신교에서 약 6천년 전부터 불러온 '하나님의 본래 호칭'이다. '상'은 '천상' 또는 '지존무상'의 상上 자요, '제'는 하나님 제帝 자로서 상제란 인간과 신의 세계, 자연계를 다스리는 '대우주의 통치자', '지존의 하나님'이라는 의미이다. 이는 지난 수천여년의 장구한 삼신신앙의 역사속에서 체험적으로 생성된 언어이며, 근래에 흔히 쓰는 '하나님'보다 '하늘[天]의 통치자, 주재자'로서의 조화권능과 인격적 풍모를 훨씬 더 생생하게 느낄 수 있는 호칭이다. 상제신앙에서 정치와 종교, 교육과 예술 등 모든 인류문화가 잉태되었다. 이러한 상제문화를 대표하는 것이 바로 천제天祭문화이다.

곧 천제天祭라 함은 삼신상제를 모시는 의례였다. 삼신상제는 천신天神, 곧 하느님이다. 우주 삼계의 최고신이자 우주를 다스리는 통치자이다. 옛부터 삼신상제, 즉 천신을 모신 주체민족이 한민족이었다. 한민족은 옛부터 천제를 모셔왔다. 부여의 영고迎鼓, 고구려의 동맹東盟, 예의 무천舞天이 기록에 남은 대표적 천제였다. 모두 10월에 모셨다.

마한의 천제 기록은 더 구체적으로 나타나 있다. 국읍에 각각 한 명을 세워 천신에 대한 제사를 주관하였고, 그 제사의 주관자를 천군天君이라 했다. 소위 제사장이다. 또 나라마다 별읍別邑을 두었고 이를 소도蘇塗라 했다. 여기에 큰 나무를 세우고 방울과 북을 매달아 신을 섬겼다.[9] 제천행사 때에는 사람들이 모여 밤낮으로 음주가무를 즐겼다고 한다. 음주가무라 하면, 요즘 축제 때 말썽 많은 '난장판'이 생각난다. 그보다는 신명나게 노는 질펀한 대동굿 판을 상상함이 좋을 것이다.

최남선도 '일본의 신도가 제천의 옛 풍속'이라는 이러한 입장에 동의했다. 그는 태곳적부터 존재한 신도, 일본 고유의 종교라 알려진 '신도가 고신도古神道에 다름 아니다'라 했다.[10] 고신도는 고대 한민족이 천신을 모셨던 천제를 말함이다. 삼신을 받드는 제천의례를 뜻한다. 천신, 곧 삼신상제를 모시는 제천의 옛 풍속이 일본으로 전해진 것이다.

다시 구메 구니다케의 이야기를 인용해 보자.

"일본 천황들은 아마테라스오오노가미天照大神을 모시고 제사지낸 것이 아니었다. 고대의 왜한倭韓(일본과 한국-인용

---

9) "信鬼神, 國邑各立一人主祭天神, 名之天君。又諸國各有別邑。名之爲蘇塗。立大木, 縣鈴鼓, 事鬼神。"(『三國志』 '魏誌東夷傳 韓')

10) 최남선, 『朝鮮と神道』, 中央朝鮮協會, 1934, 12.

자 주)은 모두 동일한 천신을 제사지냈다. … 고조선 시대에
영고, 동맹과 마찬가지로 일본천황들도 신상제新嘗祭(니나
메사이)[11]를 지냈다."

그는 일본 천황들이 본래 제사에서 받들던 신이 일본의
시조신이자 천황가의 황조신皇祖神인 아마테라스오오노가
미가 아니라, 한민족이 받들었던 천신, 곧 삼신상제였음을
밝혔던 것이다.

오늘날 일본의 신도라 하면, 울창한 숲에 둘러싸인 신사
가 떠오른다. 신사는 원래 '신神의 사社'라는 뜻이다. 『만엽
집』에서는 杜, 森, 社, 神社를 모두 '모리'(森)라 읽었다.[12] 고
대 일본인에게 삼림이란 신들의 영이 깃든 신성한 영역으
로 사람이 함부로 들어가서는 안 되는 곳이었다. 일본을 여
행하다 보면 곳곳에 위치한 이런 신사를 보게 된다. 신도는

---

11) 일본에서 고대부터 행해진 제사로, 제주祭主는 천황이다. 벼 수확을
경축하고 이듬해의 풍년을 기원하는 의식이다. 홍윤기는 이 제사에서
백제신 신주神主를 모셔오는 축문祝文인 '가라카미' 韓神가 읽혀진다
고 하였다("백제왕족 후지와라가문의 사랑 '가스카대사'", 세계일보,
2008.5.14).

12) 신사=모리(森 또는 社. 『만엽집』)=숲= '모리(社) 또는 머리(頭)'(북큐
슈대학 아라키히로유키荒木博之)=한국어 '머리'=공동체 집단의 '우
두머리'(김달수, 『일본속의 한국문화 유적을 찾아서3』, 대원사, 1999,
55, 186쪽)로 연결시켜 보기도 한다.

이세신궁의 토리이鳥居 | 이세신궁은 일본 신도의 총본산으로 천황가의 황조신皇祖神 아마테라스오오가미를 모셔 제사 지내고 있다.

'신궁'神宮 · '신사' 神社를 터전으로 한다. 신궁이나 신사는 신단이 있는 곳이다. 오늘날에는 신사에 모신 신들이 다양하지만, 초기에는 바로 천신을 모셨던 것이다.

『삼국사기』에 이러한 신궁설치에 대한 최초의 기록이 보인다. '신라본기'의 소지마립간 9년(487)의 내용이다.

> **'신궁을 내을에 설치하였다. 내을은 시조께서 처음 사셨던 거처이다.' (置神宮於奈乙. 奈乙,始祖初生之處也)**

신라의 시조는 박혁거세다. 박혁거세가 태어나 살았던 곳(내을)에 신궁을 짓고 제사를 지냈다는 기록이다.

이 때 신궁에 모신 주신이 누구였을까? 시조신이었을까? 『삼국사기』에는 별도의 시조묘가 있고 왕들이 제사지냈다고 했다. 그렇다면 신궁의 제신은 시조신이 아니다. 그럼 누구였을까?

우리는 그 답을 『화랑세기』에서 찾을 수 있다. 여기서는 '우리나라에서 신궁을 받들고 하늘에 대제를 행했다'[13]고 기록하고 있다. 다름 아닌 신궁의 신격은 최고신인 천신天神이었다. 왕은 신궁을 설립하고 그 지역 일대를 성역화하였다. 신궁은 천신, 곧 삼신 상제를 모시고 천제를 지내는 종교적 성소였다.

이와 관련하여 또 한 가지 반드시 짚고 넘어가야 할 사실이 있다. 신라에 불교가 들어오기 전 존재했던 7개의 가람터이다. 앞으로 "계림鷄林에서 성왕聖王이 나서 불교를 크게 일으킬 것이다. 그 나라 안에 일곱 곳의 절터가 있으니, … 천경림天鏡林(興輪寺) … 삼천기三川岐(永興寺)… 용궁龍宮의 남쪽(皇龍寺) … 용궁龍宮의 북쪽(분황사) … 사천미沙川尾(靈妙寺)… 신유림神遊林(天王寺)… 서청전婿請田(曇嚴寺)… 이곳은 모

---

13) "花郎者仙徒也. 我國, 奉神宮, 行大祭于天."(『화랑세기』)

14) 『삼국유사』「阿道基羅」

두 불교 이전 때의 절터(前佛時伽藍之墟)"14)라 했다.

이 가람터들은 불교가 신라에 들어오기 이전에 있었다 하니 분명 불교와는 무관하다. 그렇다면 무슨 용도였을까? 이강식 교수는 "신라의 전불 7가람이 불교 전래 이전의 신궁·신사였을 것"15)이라 주장한다. 곧 이 가람터들이 천신을 받들었던 신궁터란 뜻이다.

제천은 삼한의 옛 풍속이고, 신궁은 그 제천의 장소였다. 부여의 기록으로 본다면, 신궁은 곧 고대 종교적 성소인 '소도' 蘇塗였다. 큰 나무가 있고, 여기서 신을 모셨다. 앞에서 지적했듯이 일본의 신궁·신사를 보면 큰 나무들이 숲을 이룬다.

일본의 유명한 이세신궁의 가미지야마神路山, 나라 오오미와 신사의 미와야마三輪山, 가스카타이샤春日大社의 미가사야마三笠山 등을 생각해 보자. 이처럼 신사 가까이에는 신성시되는 신체산神體山이 반드시 있다. 이는 고대 종교적 성소였던 소도의 모습과 같다.

그러면 신궁·신사가 어떻게 한반도에서 일본으로 전해

---

15) 이강식, "『화랑세기』를 중심으로 본 신라 천신교와 신선합일 조직사상에서 형성한 화랑도조직의 창설과정", 『경주문화논총』 4집, 2001, 16쪽.

졌을까? 일본의 역사기록에서 그 흔적을 찾아보자.

일본의 본격적 문화를 연 조정이 야마토 왜大和倭였다.[16] 이 야마토 왜의 기틀을 쌓기 시작할 때의 일이다. 11대 수인垂仁 천황 때였다. 신라에서 왕자 아메노히보코天日槍가 무리를 이끌고 일본에 왔다.[17] 그들은 7개의 신물神物을 갖고

---

16) 야마토 왜 등 일본 고대국가와 천황에 대한 구체적 내용은 뒤의 〈참고자료〉에서 다룬다.

17) 이토국 왕=『지쿠젠국筑前國 풍토기風土記』에 기록된 "우리들은 하늘에서 고마국高麗國의 오로산意呂山으로 강림하신 히보코日矛의 후손 이토데五十跡手이다"의 '이토데'(=큐슈 쯔쿠시의 이토아가타누시伊都縣主의 조상. 하늘에서 내려온 히보코의 자손이라 한다)라고 한다 (김달수, 『일본속의 한국문화 유적을 찾아서2』, 대원사, 1999, 112쪽).

18) 『日本書紀』卷六垂仁天皇三年(甲午前二七) 三月 "三年春三月. 新羅王子天日槍來歸焉. 將來物, 羽太玉一箇, 足高玉一箇, 鵜鹿鹿赤石玉一箇, 出石小刀一口, 出石桙一枝, 日鏡一面, 熊神籬一具, 并七物. 則藏于但馬國, 常爲神物也. 〈一云, 初天日槍, 乘艇泊于播磨國, 在於宍粟邑. 時天皇遣三輪君祖大友主, 與倭直祖長尾市於播磨. 而問天日槍曰, 汝也誰人, 且何國人也. 天日槍對曰, 僕新羅國主之子也. 然聞日本國有聖皇, 則以己國授弟知古而化歸之. 仍貢獻物, 葉細珠, 足高珠, 鵜鹿鹿赤石珠, 出石刀子, 出石槍, 日鏡, 熊神籬, 膽狹淺大刀, 并八物. 仍詔天日槍曰, 播磨國宍粟邑, 淡路島出淺邑, 是二邑, 汝任意居之. 時天日槍啓之曰, 臣將住處, 若垂天恩, 聽臣情願地者, 臣親歷視諸國, 則合于臣心欲被給. 乃聽之. 於是, 天日槍自菟道河泝之, 北入近江國吾名邑而暫住, 復更自近江經若狹國, 西到但馬國則定住處也. 是以, 近江國鏡谷陶人, 則天日槍之從人也. 故天日槍娶但馬出嶋人, 太耳女麻多鳥, 生但馬諸助也. 諸助生但馬日楢杵. 日楢杵生淸彦. 淸彦生田道間守也.〉"

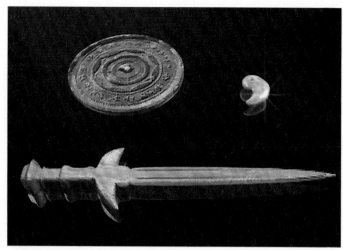

삼종의 신기 | 왕권을 상징하는 곡옥·칼·거울이다.

도래했다.[18] 옥과 칼과 거울, 그리고 '곰(熊)의 히모로기神籬' 등이었다. 앞의 세 가지는 일본이 보물로 여기는 '세 가지 신의 물건'(三種의 神器)이다.[19]

---

19) 삼종의 신기는 곡옥, 칼, 거울이다. 현재도 천황 즉위식에서는 삼종의 신기(모조품)가 전해진다. 삼종의 신기는 왕권의 상징인 보물인 것이다. 이세伊勢신궁의 신체神體가 거울(神鏡)이며, 숙전熟田신궁은 칼(神劍)이 신체이다. 참고로 금관가야 지역의 김해 양동리 55호 목관묘에서는 동검銅劍, 동경銅鏡, 곡옥曲玉이 출토되었고, 무당은 반드시 칼, 거울, 구슬을 갖고 신의 뜻을 묻는다. 구메 구니다케는 '신사'는 '소도' 蘇塗와 같고, '삼종의 신기'는 주 9)의 마한의 제천행사에 보이는 '방울과 북' [鈴鼓]과 같은 것이라 하였다.

그러면 히모로기는 뭘까?

이능화는 '히'는 '해'이고 '모로기'는 '모퉁이(方隅)'라 했다. 산모퉁이를 산모로기라 한다. 이 '모로기'는 '알지 못하

일본천황 즉위식 | 천황이 교체되는 즉위식에서 왕권의 상징인 삼종의 신기가 전달되고 있다.

고'(不知), '보지 못하고'(不見), '거리껴 숨는다'(忌避)는 의미였다. 그에 의하면 해모로기는 웅녀가 신단굴에서 햇빛을 기피했던 고사에서 나온 것이라 보았다. 일본신화에서 히모로기를 보면, 초대 신무천황이 산에 올라 단을 설치하고, 사카키榊(비쭈기나무)를 세워 신에게 제사를 지낸데서 그 모습을 찾을 수 있다. 이것이 히모로기였다. 무성한 나무의 숲으로 신을 숨긴 것이다.

그래서 일본에서는 옛날에 신사의 사전社殿이 없었고 수풀속에 신이 있다는 관념에서 큰 나무를 제사지냈다. 이 때 히모로기는 신단, 즉 신령을 제사지내는 제단이었던 것이다. 또한 그 신단에 있는 큰 나무였다. 곧 신단수神壇樹이다. 단壇에 나무가 있음은 역사가 오래되었다. 단군 왕검이 신

단수 밑으로 내려왔고, 마한의 소도에도 방울과 북을 매단 큰 나무가 있었다.

그 신단이 오늘날 일본의 정통왕조인 야마토 왜로 왔다. 그래서 "히모로기는 본디 조선 물건"이라 했고, '조선에서 히모로기를 가져왔다'고 했다.[20] 히모로기는 옛 조선의 소도이자 신단수인 것이다. 고대 일본에서 히모로기는 신령

---

20) 전자는 이능화(『조선신사지』, 49-50쪽), 후자는 미야자키 미치사부로宮崎道三郎의 지적이다. 앞의 사카키(비쭈기) 나무의 유래는 아마테라스가 스사노오의 무례를 노여워해 천석굴天石窟로 숨자 신들이 모여 천향산의 5백 그루 眞坂樹를 캐서 넝쿨을 만들었다. 坂樹=사카키였다(이능화, 47쪽). 히모로기를 간나비神奈備로 표현하는 경우도 있다. 이는 神壇樹=감나무(神樹), 간나비神奈備, 眞坂樹를 모두 같은 어원이라 보는 것이다(이능화, 55쪽). 미야자키는 "'카무나무(榊木)', 카무와 나무는 모두 조선말이다."고 했다. 가나자와 쇼사부로우金澤庄三郎는 "간나비神奈備는 조선말이다. 나는 일본 쿄토의 가미가모 신사 부근을 산책하면서 울창한 수목을 보고 이것이야말로 틀림없는 간나비라고 생각했다. 간나비가 신과 관계있음은 비록 틀림없는 사실이라고 하지만 일본어에서는 그것이 무슨 뜻인지 분명치 않았다. 그런데 조선어를 연구하면서 그 의미를 알게 되었다. 칸나미는 '간나무'(굼나무)의 와음訛音으로서 비쭈기나무의 뜻임이 판명되었다. 일본의 옛 기록에 '조선에서 히모로기를 가져왔다'라는 말의 뜻을 알았다. 일본의 옛 기록은 일본어만으로는 아무리 연구하여도 그 의미가 분명치 않은 것이 많고 조선어의 연구에 의해서 밝혀지는 것이 적지 않다."(이능화, 56쪽). 또한 웅신리熊神籬의 웅熊에 대해서는 곰=쿠마=가무=가미(이능화, 51쪽)로 보기도 하고, 혹은 웅녀·환웅으로 보기도 한다. 곧 웅녀(단군의 어머니)나 환웅을 모신 신단의 의미다.

히모로기 | 가쿠라神樂는 신(天神)에게 가무를 동반하여 드리는 제사를 말한다. 신화의 고장 다카치호에는 가쿠라가 전해지는데, 가쿠라가 이루어지는 민가(가쿠라야도神樂宿라 한다)를 보면 앞마당에는 신들이 강림하여 머무는 처소인 히모로기가 세워져 있다. 히모로기에는 대나무 가지 세 개를 높이 세우고 볏가마니를 상하 두단으로 놓았다. 가운데 대나무 가지 상단에는 청색 헤이幣 33개를, 하단에는 적색 헤이 28개를 꽂는다. 아래 위 볏가마니는 천지를 의미하고 청색 헤이는 33천을, 적색 헤이는 28수를 의미한다.

이 머무른다고 여겨진 산이나 나무 둘레에 대나무 등의 상록수를 심어 울타리를 친 곳이었다. 곧 후대 일본 곳곳에 세워진 신궁·신사의 원형이 되었다.

그러면 히모로기를 가져온 신라왕자 아메노히보코天日槍는 누구일까? 『일본서기』에 신라 왕자라고 기록되어 있으니 신라에서 도래했음은 분명한데, 그 실체를 알기가 어렵다. 『삼국사기』나 『삼국유사』 등의 기록에는 그러한 이름을 가진 왕자가 없으니 말이다.[21] 다만 나오키 코지로直木孝次郎의 지적에서 그 실마리를 찾아볼 수 있다.

"아메노히보코를 그런 이름을 가진 한 사람의 인물로 여겨서는 안될 것이다. 아마도 창이나 검으로 신을 받드는 종교, 또는 창이나 검을 신으로 삼는 종교를 신봉한 집단이 한반도, 특히 신라로부터 도래했던 것"[22]이라 했다.

적절한 지적으로 보인다. 천일창은 개인의 이름이 아닌 것이다.[23] '신단(수)'을 가진 종교집단의 도래! 앞서 보았듯이, 신라는 고래로부터 신궁을 설치하여 천신을 받들고 있

---

21) 쓰다소우키치는 '신라왕자 천일창이 가져온 신보神寶는 믿을 수 없다'고 했다. 하야시야타쯔사부로林屋辰三郎는「타지마但馬의 고대문화—아메노히보코와 진무동정의 전설」에서 벼농사(水稻耕作) 기술을 갖고 바다를 건너 북부큐슈에 상륙했던 도래인을 아메노히보코 집단의 일파라 했다(김달수, 『일본속의 한국문화 유적을 찾아서3』, 대원사, 1999, 28쪽). 나라 사쿠라이시 아나시니이마스효오즈신사(오오미와,이소노가미신사와 어깨를 나란히 하는 신사)는 유래가 불확실하나, 제신은 아메노히보코이며, 신라계 도래인 하타씨족과 밀접한 관계가 있다(김달수, 『일본속의 한국문화 유적을 찾아서2』, 대원사, 1999. 30쪽).

22) 直木孝次郎, 『兵庫縣史』(제1권) ; 김달수, 『일본속의 한국문화』, 155쪽.

23) 창이나 검을 신으로 받들었다는 뜻은 무엇일까? 여기서 생각해 볼 내용들이 있다. 먼저 무당이 반드시 칼, 거울, 구슬을 갖고 신의 뜻을

었다. 뿐만 아니라, 우리는 신라시대 명산대천을 유람하며 도의道義를 연마했던 화랑의 무리에 대해서 잘 알고 있다. 이러한 화랑을 보는 시각은 다양하지만, "화랑은 가장 존귀한 종교사제자宗敎司祭者의 총괄적 직명職名이며, 불교가 신라에 들어가기 전 고대종교인 샤머니즘의 신의 일을 맡은 [司事] 자"라는 주장도 힘이 실리고 있다.[24] 곧 화랑을 '제신

묻는다는 사실이다. 그리고 삼지창은 무당의 무구 중 하나이다. 그리스 신화의 포세이돈(바다의 신)도 삼지창을 갖고 있다. 불교에도 삼지창이 나온다. 금관가야의 철제품은 유명하며, 해양강국이다. 김해 양동리 55호 목관묘에서 동검銅劍, 동경銅鏡, 곡옥曲玉이 출토되었고, 양동리에서 환두대도가 출토되었다. 김해 대성동 2호에서는 삼지창과 도끼가 출토되었다. 천지신명께 제사드리는 굿에서 삼지창이 나온다. 소위 '사슬세우기'이다. 오늘 굿이 잘 되는지 어떤지를 삼지창에 소, 돼지, 덕 등 제물을 얹어세우는 것이다. 이는 신의 영검함과 위엄을 나타내는 절정의 순간이다. 이 행위는 삼신이 내려준 천부인 중 하나인 삼지창으로 천부인인 해, 달, 북두칠성에게 바치는 행위이다. 삼지창은 천부인중 하나로 하늘의 징표인 아주 귀한 물건인 것이다. 하늘과 교신할 수 있는 안테나 역할을 한다. 사슬세움은 삼신의 사상과 뜻을 깊이 새겨 바로 세운다는 뜻이다. 삼신사상, 즉 인간의 참 마음을 찾자는 뜻이다. 본성으로 돌아가겠다는 서약이다. 삼신과 연결되는 아주 중요한 무구이다. 일본신화의 고향 다카치호에는 삼지창이 하늘을 향해 세워져 있다. 또한 『고사기』의 국토이양(出雲國讓り) 신화를 보면, 국토(일본)를 양도받기 위해 이즈모出雲에 3번째 사자로 내려온 타케미카쯔찌노가미建御雷神이 파도치는 바다에 창을 거꾸로 꽂고 그 위에 앉아 일본열도(葦原中國)를 통치하는 모습이 나온다.

祭神을 위한 집단'으로 보는 것이다.

이렇듯 신라 시대의 화랑을 '불교 이전에 신을 받든 종교 사제자'라 보게 된다면, 어쩌면 천일창이 창과 칼을 지닌 화랑들이었을 가능성도 많다. 그들이 일본열도에 도래하여 천신을 받드는 풍속을 확산시켰을 것이다. 일본열도에 산재한 신궁은 그 신단을 모신 곳인 셈이다. 결국 또 다시 일본의 신도가 천신, 곧 삼신을 모신 천제의 옛 풍속임을 확인시켜 준다.

---

24) 今村鞆, "新羅の花郎を論す", 『朝鮮』161, 1928, 22-23쪽. 화랑의 수련내용은 산수유오山水遊娛, 도의상마道義相磨, 가락상열歌樂相悅 등이었으며, 화랑과 종교성을 강조한 입장들로는 '주술, 종교적 의의'(三品彰英) '종교의례, 산악신앙'(劉昌宣) '민족의 전통신앙 숭상'(이선근) '주술적, 종교적 수업, 靈岳(聖山)신앙'(李基東) 등이 있다(최재석, "화랑의 사회사적 의의", 『화랑문화의 재조명』).

한국을 향한 곳, 고천원高天原

조화삼신으로 시작된 일본의 신화!

하늘에 삼태三台 · 칠성七星이 있듯이, 일본 신화의 머리도 삼신과 '신세 7대'神世七代로 시작되었다. 신세 7대란 조화 삼신에 이어 구니노도고다찌노미고토國常立尊에서 시작하여 이자나기伊耶那岐尊 · 이자나미伊耶那美尊까지이다.[25] 모두 천신天神이었다. 7대 중 앞의 3대는 홀몸의 신이었다가, 뒤의

---

25) 일본 건국의 '신세 7대'는 환국桓國 시대 '7대 환인桓因'을 본뜬 것이다. 이 역시 일본이 한민족의 이주로 건국되었음을 보여주는 증빙이기도 하다(『환단고기』「삼성기」).

4대서부터는 음양 남녀의 짝신이었다는 점이 특이하다. 이들 삼신과 천신들이 거주하는 곳이 다카마노하라高天原(이하는 편의상 '고천원'이라 표기한다)이다.

7대의 마지막 신이 이자나기와 이자나미의 부부신이다. 이 부부신은 세 자녀[三貴子]를 낳았다. 아마테라스오오노가미天照大神와 쯔쿠요미노미코도月讀尊・月弓尊, 그리고 스사노오노미코도素戔鳴尊・須佐之男命의 세 신이다. 아마테라스오오노가미는 고천원高天原을 다스리며 일본신화의 '천손강림'天孫降臨과 연결된 일본 천황가의 황조신皇祖神이다. 쯔쿠요미는 밤의 세계를 다스리고, 스사노오는 바다를 다스리며 신라국과 연결된 신이다.

여기서 우리의 관심사는 세 가지다.

고천원과 천손강림, 스사노오!

이 세 가지는 별개가 아니다. 모두 하나의 사실을 밝힐 수 있는 핵심코드이다. 한민족과 얽힌 비밀을 풀 세 가지 핵심코드인 것이다. 또한 이 세 가지 코드는 일본의 특정 지역과도 관련을 맺고 있다. 하늘과 큐슈九州, 그리고 이즈모出雲 지역이다. 이 세 가지의 뜻과 상호관계를 정확히 이해할 수 있다면, 우리는 어렵지 않게 일본역사의 진실을 들여다볼 수 있을 것이다.

먼저 천신들의 세계인 고천원이 어디일까?

당연히 높은 하늘! 하늘이다. 하늘을 찾는 작업은 무모하다. 더욱이 신화에 나온 하늘을 찾는 일임에야 더욱 그러할지 모른다. 그렇지만 일본신화의 고천원, 곧 하늘은 코드와 연결된 다음 이야기를 따라가다 보면 충분히 짐작이 가능하다. 그러므로 여기서 그 답을 확인하기 보다 다음 코드로 이야기를 진행시켜 보자.

두 번째 코드는 천손강림이다.

고천원에서 일본 땅으로 내려온 신은 아마테라스오오노가미天照大神의 후손이다. 앞에서 보았듯이, 아마테라스는 이자나기와 이자나미 부부신이 낳은 세 자녀 중 한 신이다. 그 천신의 후손인 니니기노미코도瓊瓊杵尊가 일본 땅에 내려왔다. 그리고 그 후손인 신무神武가 일본의 초대 천황이 되었기 때문에, 아마테라스오오노가미는 일본 천황가의 황조신이다.[26] 일본 천황가의 정점에 있는 조상신인 것이다. 여기서부터 일본의 건국신화가 시작된다.

『고사기古事記』를 보면, 니니기노미코토가 고천원에서 내려온 곳이 바로 규슈의 히무카日向 다카치호高千穗의 구시후

큐슈 가고시마현의 타카치호 봉우리 | 일본신화의 천손강림지로 여겨지는 곳이며 산 정상에는 삼지창이 거꾸로 세워져 있고 저 멀리에는 가라쿠니다케韓國岳가 보인다.

루다케久士布流多氣였다.[27] 또 『일본서기』에는 소호리산 봉우리(添山峯)라고도 했다. 하늘과 땅이 연결된 곳, 구시후루 봉우리! 이 곳은 현재 큐슈 남동부 지역이다.[28]

구시후루 봉우리의 이름은 우리에게 어쩐지 낯설지 않다.

---

26) 본래 아마테라스오오노가미는 천신에 제를 올리던 무녀巫女 오히루메무치大日孁貴였다. 아마테라스는 '제사받는 신'이라기 보다는 '제사하는 신'이었다. 이처럼 신사神祀에 봉사하던 오히루메무치가 나중에 가서는 오히려 제사를 받는 신이 되었고, 일본 천황가의 '황조신'이 되어 궁정인宮廷人으로부터 제사받는 신이 된 것이다. 그리고 아마테라스를 모셔 제사지내는 이세신궁에 대한 숭배는 7세기 후반의 지통조朝까지 없었고, 천황의 이세참배도 없었다(김후련, "日本古代における伊勢信仰の成立と王権との関係", 『일본연구』 22호, 118, 123쪽).

27) "天降於日向襲之高千穗峯矣." "天神之子, 則當到筑紫日向高千穗槵觸之峯." "故稱此神曰天國饒石彦火瓊瓊杵尊。干時降到之處者, 呼曰日向襲之高千穗添山峯矣."(『일본서기』) "天降坐于竺紫日向之高千穗之久士布流多氣。"(『고사기』) '槵觸之峯', '久士布流多氣'는 '구시후루다케'이며 '添山峯'는 '소호리노야마노다케'로 읽힌다.

그럴 법도 하다. 그 지명은 다름 아닌 『가락국기駕洛國記』에
나오는 구지봉龜旨峰을 떠올리기 때문이다. 가락국의 수로

---

28) 일본신화의 무대인 다카치호가 실제 어디인가가 관심의 대상이다.
먼저 남큐슈 지방으로 본다면, 가고시마현 기리시마 산지의 다카치호
가 비정된다. 다카치호 산봉우리 옆에는 가라쿠니다케, 즉 韓國岳이
보인다. 에도시대 국학자 모토오리 노리나가는 『고사기』의 '한국'을
이 '한국악'이라 해석했다. 그러나 우메하라 다케시는 노리나가의 주
장을 반박하면서, 이 '한국'을 말 그대로 한반도라 받아들였다. 그러
면서 니니기로 표상되는 천손족이 볍씨와 선진 농경기술 및 양잠 재
배 기술을 가지고 한국으로부터 배를 타고 바다를 건너 큐슈 남단 노
마 반도의 가사사 곶에 상륙했으나, 기리시마 지방의 자연조건이 농
경에 적합하지 못해 큐슈 남동부, 현재의 미야자키현 니시우스키의
다카치호 지방으로 이동했다는 것이다(박규태, 『일본의 신사』, 74-
76쪽). 니니기는 한국악으로부터 그리 멀지 않은 곳에 위치한 기리시
마신궁에 제신으로 모셔져 있다. 니시우스키군 다카치호 마을(町)에
위치한 아마노이와토신사의 한 신직의 이야기도 참조해 볼 수 있다.
"니니기는 한국인이며 초대 신무천황에게 볍씨를 준 것이 단군의 자
손이다. 신들은 흰 신마神馬를 타고 다니는데, 신무천황은 최초로 배
를 타고 이동했다. 그런데 그 시대 일본에는 배가 없었다. 배는 한반
도에서 쌀을 싣고 일본으로 전해진 것이다."(『일본의 신사』, 80쪽).
또 하나는 천손강림지를 큐슈 북쪽으로 보는 입장이다. 후쿠오카현의
가야산可也山지역이다. 이곳은 『위지왜인전魏志倭人傳』에 적힌 이토
국伊都國의 중심지로, 거대한 거울이 출토된 곳이다. '한국을 향하
고' 가야可也와 가야伽倻 '구지봉을 향한 곳' 등을 헤아리면 이곳
이 '구지후루다케'가 아닐까라는 추정이다. 여기에 또 하나 열쇠를
쥔 것은 하타씨이다. 가야산 가까이의 하타에 신사波多江神社가 있고
여기에 다수의 하타씨가 살았다. 가야에서 온 하타씨가 천손강림신화
까지 갖고 온 것이라 보고 있다. 가야계 집단이 일본열도에 도착, 고
대국가를 형성해가는 과정으로 해석한다.

왕이 내려온 곳이 구지봉이다. 구시후루봉은 언어로 보아 구지봉과 매우 닮은 꼴을 지닌 것이다.

기마 민족설을 설명한 『월간 아사히』의 특집 기사 | 한국 대성동 고분발굴로 기마민족설이 실증되었다고 적고 있다.

'일본민족은 한반도를 통해 건너온 기마민족이라는 설'을 주장한 에가미 나미오江上波夫도 이러한 유사점에 주목하였다. 그는 일본의 천손강림 신화에서 '구시후루봉'과 '소호리'의 의미를 『가락국기』에 바탕하여 풀어나갔다. 한국어로 '후루'는 '마을'(村)이다. 그러면 '구시후루'는 '구지의 마을'이 된다. 그리고 '소호리'는 '도읍'(都)이었다. 백제의 도읍은 '소부리'이며 신라의 도읍은 '셔블'이었다. 일본의 천손강림 신화는 김수로왕의 '천손강림 신화'와 등장하는 지명이 비슷하다.

니니기노미코토는 하늘에서 내려올 때, 거울·칼·구슬이라는 세 가지 신의 보물[三種의 神器]를 갖고, 다섯 부족의 신(五伴緖。五部神)을 거느리고 왔다.[29] '삼종의 신기'는 환웅천황이 지상에 내려올 때 천부인天符印 3개를 가지고 왔다는 내용과 유사하다. 또한 5부 조직은 고대 한국의 5부 조직에서 유래된 것으로 보인다.[30] 즉 고구려 지배계급은 소노消奴·절노絶奴를 중심으로 5부로 나뉘었고, 백제 역시 도성을 상·중·하·전·후라는 5부로 나누었다. 그리고 각 부部마다 다섯 지역으로 구획하여 각 지역에 5천 명의 군사를 두었던 것이다. 이렇듯 천손강림 신화가 한반도에서 영향을 받았다는 점들이 확인된다.

다가치호의 구시후루 봉우리!

니니기노미코토는 자신이 내려온 이곳을 이렇게 표현했다.

"여기는 카라구니韓國를 향하고 있고, … 아침 해가 바로 쬐는 나라, 저녁 해가 비치는 나라이니라. 그러므로 여기는 매우 좋은 땅이다".[31]

---

29) "并五伴緖矣支加而天降也。於是, … 八尺勾璁(玉)·鏡, 又草那芸釰…"(『고사기』)

30) 일본 사학자 오카마사오岡正雄도 『日本民族の起源』(1958)에서 같은 주장을 했다.

그는 '한국'을 향한 곳으로 내려왔다고 했다. 우리는 여기서 앞서 말한 첫 번째 코드인 천신들의 세계 고천원을 확인할 수 있는 길을 찾게 된다. 다카치호는 천신의 고향을 향해 있을 것이며, 니니기노미코토의 표현에서 보듯이 그곳은 곧 한국이다. 그렇다면 한국이 고천원, 곧 하늘나라인 것이다. "'하늘'이라고 하는 말은 일반적으로 우리들 천손민족天孫民族의 고향을 가리키며, 사실은 조선반도, 즉 한향도韓鄕島, 특히 신라(가야를 말한다-인용자 주)를 지칭하는 것이 틀림없다."[32] 곧 고천원은 일본 민족이 일본에 이주하기 전의 나라, 즉 한국을 말한다. 따라서 일본사람들이 말하는 천손天孫은 한국에서 일본으로 건너 온 계통인 것이다.

전승되어 온 신화를 무시하면 안 된다.[33] 신화에는 기억

---

31) "此地者, 向韓國, 眞來通笠沙之御前而, 朝日之直刺國, 夕日之日照國也, 故, 此地甚吉地。"(『고사기』)

32) 정연규, 『슈메르·이스라엘 문화를 탄생시킨 한민족』, 한국문화사, 2004, 172쪽.

33) 쓰다 소우키치는 신대神代 사실성 여부에 대해 이는 조작이며 역사적 사실을 전혀 고려하지 않았으며 결코 일본민족의 유래를 설명하는 것이 아니라고 주장했다. 그러면서도 모순되게 신무천황의 야마토 이동, 출운설화, 오아나무지 이야기 등은 역사적 사실이 신대사에 반영된 것이라 주장한다.

이 담겨 있다. 일본의 건국신화를 보면 니니기노미코도瓊瓊杵尊의 후손인 신무神武가 큐슈에서 동쪽으로 정벌을 완료한 후 초대 천황이 된다. 일본천황가의 조상이 천손족인 것이다. 결국 천손강림 신화는 니니기가 하늘나라 고천원=한국에서 그 곳이 바라다 보이는 곳, 길지吉地인 큐슈에 내려온 것을 말한다. 천황과 일본민족이 해외에서 온 것을 자인한 셈이다.

실제로 규슈 북부지역에는 가야계 지명이 매우 많다. 특히 고대항로의 기점인 당진唐津은 원래 한진韓津이었으며, 지금도 '가라의 항구'란 뜻인 '가라츠'라고 읽는다. 그 항구가 있는 만灣을 굽어보는 산은 '가야산'이고, 근처에 '가라도마리', '게야' 등 가야와 관련된 지명이 많다. 특히 천손인 니니기노미코도를 모신 규슈 중부의 기리시마신궁霧島神宮 근처에는 가라쿠니다케韓國岳도 있다. 그 외에도 한국과 가야를 가리키는 말이 무수히 많다.

두 번째 코드, 일본의 천손강림 신화는 고천원이 어디인가를 충분히 짐작 가능케 해준다. 천손은 '한국을 향한 매우 좋은 땅'을 택하여 일본 땅에 내려왔다. 천손들의 고향, 고천원은 한국으로 보기에 의심할 여지가 없다. 이렇듯 일본신화는 한민족과 밀접하게 관련되었다. 좀 더 나아가면,

경주
·
울산
·

▲ 구지봉(김해)

山口

가야산 ▲
가라쯔

쿠마모토
·

가라쿠니다케 ▲ ▲
韓國岳   구시후루다케
          (다카치호봉: 천손강

大

鹿兒島

천손 강림지인 다카치호봉 | 구시후루다케의 위치와 초대 신무천
황이 천손강림지에서 나라의 가시와라 신궁으로 간 동정東征경로

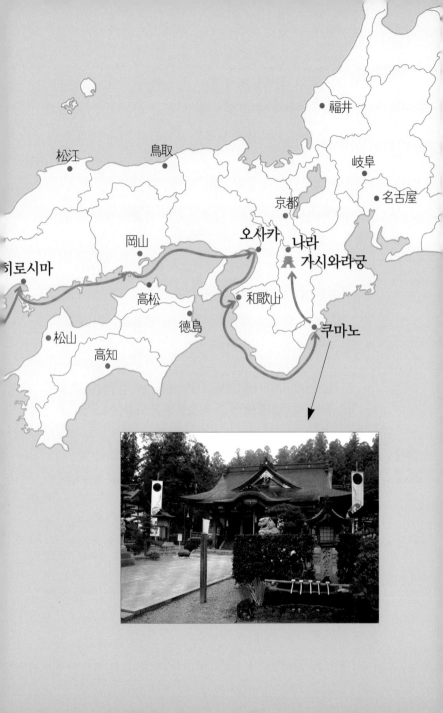

福井

松江　鳥取　岐阜

名古屋

京都

岡山　오사카　나라

가시와라궁

히로시마　高松　和歌山

松山　徳島　쿠마노

高知

일본의 신들이 한반도에서 건너온 신들이 된다. 그렇다면 일본민족이 한민족과 같은 신을 받들고 있는 것은 당연지사이다. 일본역사의 정점에 있는 조화삼신 역시 그렇게 볼 수 있다.

세 번째 코드에서는 이런 사실이 더욱 분명히 밝혀진다. 스사노오素盞嗚尊는 이자나기와 이자나미 부부신이 낳은 세 자녀 중 한 신이다. 그러니 아마테라스와 오누이인 셈이다.

스사노오는 바다의 세계를 다스리는 용맹하고 사나운 신이다. 그러나 항상 고향, 뿌리의 나라(根國)를 그리워한다. 때로는 서럽게 울기까지 한다.

> **"나는 어머니의 나라(妣國)인**[34) **네노가다스쿠니(根之堅州國, 根國, 從母於根國)에 가고 싶어 울고 있습니다."**[35)

---

34) 妣는 '亡母'를 의미한다. 『예기禮記』에는 "生曰父曰母, 死曰考曰妣"라 했다.

35) 此神, 有勇悍以安忍。且常以哭泣爲行。故令國內人民, 多以夭折。復使靑山變枯。故其父母二神, 勅素盞嗚尊, 汝甚無道。不可以君臨宇宙。固當遠適之於根國矣, 遂逐之。"(『日本書紀』) "其泣狀者,靑山如枯山泣枯, 河海者悉泣乾。是以, 惡神之音, 如狹蠅皆滿, 万物之妖悉發。… 答曰。僕者, 罷妣國根之堅州國故哭。"(『古事記』) "年已長矣。復生八握鬚䫇。雖然不治天下,… 對曰, 吾欲從母於根國。"(『日本書紀』)

그 울음소리에 산천이 메말라 버렸고, 모든 일의 재앙이 일제히 생겨났다. 드디어 스사노오는 어머니의 나라를 찾아가게 된다. 스사노오의 어머니 나라이자 뿌리 나라는 어디일까? 그가 어머니 나라를 찾아가는 과정을 보자.

스사노오는 고천원에서 나와 이즈모국出雲國에 이르게 된다. 이즈모 지역은 현재의 일본의 시마네島根현 이즈모시이다. 그런데 그가 처음부터 곧장 이곳으로 온 것이 아니다. 즉 뿌리 나라인 신라국을 거쳐서 온 것이다. 고천원에서 나온 "스사노오는 아들 이다케루노미고토五十猛尊를 데리고 신라국新羅國에 내려와 소시모리曾尸茂梨에 살았다. 그리고는 … 흙으로 배를 만들어 타고 동쪽으로 항해하여 이즈모국出雲國에 도착했다."[36]

동행한 아들 이다케루는 올 때 "많은 나무의 종자를 가지고 왔다. 그러나 가라쿠니韓地에 심지 않고 쯔쿠시筑紫(큐슈 북부 지역-인용자 주)로부터 시작하여 대팔주국大八洲國(일본국-인용자 주) 전체에 심어 나라 전체가 푸르렀다. … 이가

---

36) "素盞鳴尊, 帥其子五十猛神, 降到於新羅國。居曾尸茂梨之處。… 遂以埴土作舟, 乘之東渡, 到出雲國…"(『日本書紀』) "素盞鳴尊曰, 韓鄕之嶋, 是有金銀。若使吾兒所御之國, 不有浮寶者, 未是佳也。…然後, 素盞鳴尊, 居熊成峯, 而遂入於根國者矣。"(『日本書紀』)

기이국紀伊國에 머무르고 있는 큰 신[大神]이다."[37] 또 스사노오는 "가라쿠니韓鄕에는 금과 은이 많다. 나의 아들이 다스리는 나라에서 그 나라로 건너가려 하여도 배가 없으면 건너갈 수 없다"고 하였다.

신라국 소시모리!

금과 은이 많은 나라!

이곳은 바로 스사노오가 애타게 찾은 뿌리 나라이자 어머니 나라였다. 천신들의 고향인 고천원에 다름 아닌 것이다. 여기서 소시모리가 어디인지 궁금할 것이다. 놀랍게도 소시모리는 『환단고기』「단군세기」에도 나온다. 3세 단군 가륵 때(기원전 2173)의 일이다. '두지주豆只州의 예읍濊邑이 반란을 일으키니 여수기餘守己에게 명하여 그 추장 소시모리素尸毛犁를 베고, 이 때부터 그 땅을 일러 소시모리素尸毛犁라 하다가 지금은 음이 바뀌어 우수국牛首國이 되었'고 했다.[38] 우수국이라면 보통은 강원도 춘천을 떠올리게 된다. 춘천은 옛날

---

37) "初五十猛神, 天降之時, 多將樹種而下。然不殖韓地, 盡以持歸。遂始自筑紫, 凡大八洲國之内, 莫不播殖而成靑山焉。所以, 稱五十猛命, 爲有功之神。卽紀伊國所坐大神是也。"(『日本書紀』)

38) "戊申十年, 豆只州濊邑叛, 命餘守己, 斬其酋素尸毛犁, 自是, 稱其地曰素尸毛犁, 今轉音爲牛首國也。其後孫, 有陜野奴者, 逃於海上, 據三島, 僭稱天王。"(『환단고기』「단군세기」)

우수주牛首州, "우두주"牛頭州[39]였기 때문이다. 이곳을 소시모리라 했다는 것이다. 그러나 구체적인 위치가 어디이든 간에, 소시모리가 한반도인 것만은 틀림없다.

또 이와 관련된 아오야나기 미나미메이青柳南冥의 이야기를 들어 보자.

"한국은 본디 신의 나라이다. … 내가 일본의 옛 사기史記를 살피건대 이즈모족出雲族과 한족韓族은 형제의 밀접한 관계를 보지保持하고 교역交易했음이 틀림없다고 생각한다. … 소시모리는 오늘의 강원도 춘천이다. 옛 사기에서 이다케루노미고토의 어머니를 웅인족熊人族으로 보는 등의 일이 있다. … 뿌리의 나라(根國)는 본국本國, 모국母國의 뜻이다."[40]

---

39) 『삼국사기』 '기림이사금 3년(300) 3월.' 고대 예맥족의 이동을 보면, 강릉(옛날의 명주)은 예濊가 되고 춘천(牛首州)은 맥貊이 된다(이능화 『조선신사지』, 122쪽). 정약용의 『강역고疆域考』에 '강릉이 예가 된다' 하였고, 정약용의 『아언각비雅言覺非』에 '맥은 동북이東北夷의 총칭'이며 '춘천을 맥으로 했다'고 하였다. 이처럼 예맥족이 동해연안에 살았다면 일본의 이즈모 지역과 반드시 교류가 통했을 것이다. '예'와 '왜倭'는 음도 비슷하다. 이 소시모리의 위치에 대해 강원도 춘천설도 있지만, 경북 고령부근 우두령牛頭嶺으로 보는 입장도 있다 (임길채, 『일본 고대국가의 형성과 칠지도의 비밀』, 범우사, 2002, 70쪽). 그리고 미시나 아키히데三品彰英은 소시모리를 한국어의 서벌徐伐과 관련지어 해석한다.

40) 青柳南冥, 『조선문화사론』 3편 1장 「조선민족은 하늘에서 내려온 인종人種」(이능화, 『조선신사지』, 125쪽).

아오야나기도 소시모리란 곳이 우수주牛首州, 곧 춘천이라
보았고, 『일본서기』에 스사노오 부자가 뿌리의 나라에서 건
너왔다고 했으니 신라국은 스사노오의 어머니의 나라가 된
다고 보았다. 이러한 이유로 스사노오를 일명 '우두대왕' 牛
頭大王이라 하기도 한다.[41]

세 번째 코드(스사노오)에서는 또 하나 덧붙여야 할 이야기
가 있다. 소위 일본 국토이양(出雲國讓り) 신화이다.

스사노오는 이즈모에서 한 노인을 만났다. 노인은 자신을
'국신' 國神이라 소개했다.[42] 국신이라면 천손이 강림하기
이전 일본열도에 정착해 살고 있던 지역신들이다. 노인은
스사노오에게 자신의 자녀들이 꼬리가 여덟 달린 야마다노
오로치八岐大蛇라는 뱀으로부터 여러 해 동안 괴롭힘을 당했
다고 토로했다. 스사노오는 노인을 도와 가라사이의 칼(韓鋤

---

41) 일본 백제왕신사에 '백제국 왕 우두대왕牛頭大王' 이란 현판이 있다.
　　우두대왕(천왕)은 스사노오이다. 또 우리말 '우두머리' 의 '우두' 는
　　'머리' 이다. '우두머리' 는 '머리' 말이 겹친 말로 보인다(서정범, 『한
　　국에서 건너간 일본의 신과 언어』, 한나라, 1994). 혹자는 스사노오를
　　'단군' 이라 보기도 한다.

42) "其老夫答言, 僕名國神…"(『古事記』) 일본신화의 신을 천신天神과
　　국신國神으로 구분하는 것도 가능하다. 천신은 고천원의 신들이며 일
　　본열도와 관련된 신이다.

스사노오노미코토 | 신라국과 관련된 스사노오 대신은 일본열도를 평정하여 니니기에게 이양하였다.

之劍)[43]로 그 큰 뱀을 퇴치하게 된다. 그 칼로 큰 뱀의 목을 베고 배를 갈랐다. 이 때 뱀의 배에서 나온 칼이 쿠사나기노 쓰루기(草薙劍. 草那藝之大刀)이다.[44] 나중에 이 칼을 아마테라스에게 주었고, 이것이 일본 천황가의 '삼종의 신기' 중 하

---

43) 가라사이韓鋤에서 '사이'를 '쇠'의 음이라 보기도 한다. 한반도의 영향이 보여진다. 그리고 스사노오의 후손으로 곡물의 신인 오오토시가미大年神은 다섯 아들을 두었는데, 오호쿠니미다마大國御魂神, 카라노가미韓神, 소호리의 신曾富理神, 시라히의 신白日神, 히지리노가미聖神이 그들이다(『古事記』). 이러한 내용들을 보면 한국 관련 내용이 많다. 가라쿠니韓地, 카라노가미韓神도 그렇고, '소호리'는 한국 고대어로 '서울'을 의미하는 말이며 '시라히'는 신라로 보인다. 신라를 『만엽집萬葉集』에는 新羅奇, 『출운풍토기出雲風土記』에는 志羅紀라 씌어 있다.

44) "乃以蛇韓鋤之劍, 斬頭斬腹. … 名爲草薙劍." 『日本書紀』

나가 되었다.

스사노오는 계속해서 일본열도를 평정해 나갔다. 일본 고대사는 지배집단인 천신이 열도에 산재한 국신들을 정복하고 나라를 평정하는 이야기이다. 이렇게 평정한 나라(葦原中國:일본열도)는 다카치호 구시후루 봉우리에 내려온 니니기에게 이양된다. 이양한 자는 스사노오의 후손 오오쿠니누시노가미大國主神였다.[45] 아마테라스의 명을 받고 이즈모에 사자로 내려온 신(建御雷神)이 있었다. 그 신은 파도치는 바다에 창을 거꾸로 꽂고, 그 위에 앉아 일본열도(葦原中國)를 통치하는 오오쿠니大國主神에게 (일본)국토양도를 요구했다.[46]

오오쿠니는 니니기에게 국토를 양도했다. 그리고 나라를 평정할 때 사용한 창인 히로호고廣矛를 그에게 주며 말했다. "지금 내가 나라를 바치니 누가 따르지 않는 자가 있을까. 이 창으로 나라를 다스린다면 반드시 평안할 것이다."[47]

---

45) "韓의 神"이라 한다(『광사원廣辭苑』).

46) 창을 거꾸로 꽂아 그 창 끝에 신이 앉아 오오쿠니누시노가미大國主神와 대화한다. 창 끝이 하늘을 향해 세워있는 내용은 신무神武천황조에도 신무동정神武東征 때 타케미카쯔찌노가미建御雷神가 내린 칼에도 나온다.

47) "今我奉避, 誰復敢有不順者。乃以平國時所杖之廣矛, 授二神曰, 吾以此矛卒有治功。天孫若用此矛治國者, 必當平安。"(『日本書紀』).

그리고 조건을 제시하였다.

"이 일본열도(葦原中國)를 헌상하겠습니다. 단지 조건이 있습니다. 내가 거주할 장소로, 천신의 아들이 황위를 이어 훌륭한 궁전처럼, 땅 깊숙이 반석磐石에 큰 기둥(宮柱)을 깊게 박아, 고천원을 향해 치기千木[48]를 높이 치솟은 신전을 만들어 주신다면, 저 멀리 유계幽界(신명세계-인용자 주)에 은퇴隱退하겠습니다. 다른 많은 신들도 거역하지 않을 겁니다."[49]

곧 현세의 일은 니니기가 맡고, 유계의 신사神事는 오오쿠니가 맡는다는 안이다. 이래서 타협안이 이루어졌고, 신궁이 조영되었다.[50] 아마테라스와 스사노오 계열간에 역할분

---

48) 고대 건축에서 지붕 위의 양 끝에 X자형으로 교차시킨 커다란 목재로, 현재는 신사神社 지붕에만 쓰인다. 이 치기는 소도에 세운 큰 나무의 형상이라 보기도 한다.

49) 나라를 양도한 대국주신의 아들들은 '푸른 잎의 나무로 만든 울타리(靑柴垣)'(『古事記』)로 숨어버렸다. 이 울타리는 '신이 깃드는 장소', 곧 神籬이며, 소도이다.

50) 국토양도 때 약속에 의해 이즈모出雲 오바마小浜에 건립된 신사이다. 그렇다면 이즈모족出雲族은 일본의 선주先住민족으로도 볼 수 있다. 천손강림보다 오래 되었다. 마치 야마토 조정 탄생 이전에 일본을 다스린 '이즈모 왕조出雲王朝'를 상기시킨다. 언제부터 여기에 신사가 있었는가는 정확히 알 수 없지만, 단지 야마토 조정 이후는 북방진호北方鎭護의 신으로서 제사지내고 있다. 『고사기』에는 石堈之曾宮·天之御舍, 『일본서기』에는 天日隅宮 등으로 기록되었다.

미와산이 보이는 오오미와大神신사의 도리이 | 일본 최고最古의 신사중 하나이다.

담이 이루어진 것이다. 이에 따라 아마테라스 후손은 일본 나라를 경영하고, 스사노오 후손이 신의 일을 맡게 되었다.

정리하면, 서두에서 천신들의 세계인 고천원이 어디일까라는 물음을 던졌다. 이제 그에 대해 답할 때다. 바로 높은 하늘은 한반도를 가리키는 것이었다. 일본 신화의 서두를 장식한 천신들의 고향 고천원은 한반도였다. 천손강림 신화와 스사노오에 얽힌 이야기를 보면 그것을 어렵지 않게 알 수 있었다. 천손강림지가 가락국의 기억을 지녔는가 하면, 스사노오가 찾던 뿌리의 나라, 어머니의 나라도 한반도였다.

덧붙여 일본의 신사神事, 곧 신도는 스사노오가 신라에서 도착한 이즈모 지역을 토대로 하였음도 확인하였다. 가락국의 기억을 지닌 아마테라스 계열의 천손족(다카치호 천손강림 신화)이 천황가와 연결되어 일본을 경영해 왔는데 비해, 신라의 기억을 지닌 스사노오 계열의 천손족(이즈모 신화)은 평정한 일본열도를 아마테라스 계열의 천손족에게 이양하고 신의 일(神事)을 보게 되었다. 일본 고대의 두 천손족이 각각 역할을 분담하면서 일본역사가 만들어졌던 것이다.

국토를 이양받은 아마테라스 계열의 니니기의 후손인 신무천황[51]은 규슈에서 야마토 지역으로 진출한다. 스사노오 계열의 오오쿠니大國主神도 야마토 지방으로 이동했다.[52] 오

---

51) 만세일계를 주장하는 일본천황가의 1대가 신무천황神武天皇이다. 神日本磐余彦尊 혹은 狹野尊이라 한다. 그리고 그 父는 彦波瀲武鸕鷀草葺不合尊이다. 그런데 이와 관련된 『환단고기』의 기록이 있다. "기원전 723년 단제께서 장군 언파불합彦波弗哈을 보내 바다의 웅습을 평정하였다."("茂午五十年, 帝遣將彦波弗哈, 平海上熊襲"『환단고기』'단군세기') "기원전667년 俠野侯 裵幣命을 보내 바다의 도적을 토벌케 하였다. …三島가 모두 평정되었다."("甲寅三十八年, 遣俠野侯 裵幣命, 往討海上, 十二月三島悉平"『환단고기』'단군세기') "기원전 2173년 豆只州의 濊邑이 반란을 일으키니 餘守己에게 그 추장 素尸毛犁를 베게 명했다. 이 때부터 그 땅을 소시모리라 하다가 지금은 牛首國이 되다. 그 후손에 陜野奴가 있는데 …"(주 38 참조)

오쿠니는 "나는 일본국日本國의 미모로산三諸山에 살고 싶다"고 했다. 미모로산(현재명은 미와산三輪山)은 일본국 야마토 왜를 수호하는 신성스러운 신체산神體山이다. 곧 히모로기(일명 간나비神奈備)로 숭배된 산이었다. 오오쿠니는 나라 지방에 있는 미모로산의 오오미와大三輪의 신神으로 진좌하였다.[53]

일본 최초의 국가인 야마토 왜 조정이 탄생할 정치적 · 정신적(종교적) 토대가 이루어진 것이다. 주지하다시피 야마토 왜는 백제와 밀접한 관련을 맺게 된다. 고천원, 천손강림, 국토이양, 신사神事 그리고 가야와 신라에 대한 기억의 조각들

---

52) 오오쿠니大國主神는 오오모노누시노가미大物主神, 오오아나무치노미코도大己貴命이라고도 불렸다. 이 신의 자녀는 181신神이나 있다 (『日本書紀』).

53) "吾欲住於日本國之三諸山。… 此大三輪之神也。"(『日本書紀』) "此者, 坐御諸山上神也。"(『古事記』) 미모로산의 오오미와大神신사는 일본 최고最古의 신사이며, 많은 학자는 여기서 신도의 시원을 찾고 있다. 주목되는 것은 사전社殿의 형태와 삼주토리이三柱鳥居 등이다. 보통 신사구조는 거울 등 신체神體가 모셔진 본전本殿과 일반인이 참배하는 배전拜殿이 있으나, 오오미와신사에는 본전에 해당하는 것이 없다. 오오미와산이 신체산神體山인 것이다. 그리고 이 신사에는 삼주토리이三柱鳥居와 삼륜三輪이 그려져 있어 일본신화의 조화삼신의 흔적을 찾아볼 수 있다.

과 함께, 야마토 왜는 이 때부터 백제문화까지 받아들여 국가형성의 기틀을 마련할 수 있었던 것이다. 이렇듯 일본 고대국가 형성의 비밀지도가 베일을 벗을수록 거기에는 더욱더 한민족의 자취가 선명하게 드러날 수밖에 없었다.

> "그들이 늘 자랑하고 내세우는 '만세일계萬世一系, 즉 만세 동안 한 계통으로 내려왔다'는 그들 왕가부터가 배달-고조선-부여를 뿌리로 한 한민족의 혈통이다."[54]

---

54) 안경전, 『개벽 실제상황』, 187쪽.

경주

이즈모 대사 | 스사노오가 신라에서 도착한 이즈모 지역과 나라
의 미와산과 오오미와 신사의 위치. 이즈모 대사의 신체神體는 서
쪽을 향하고 있다.

chapter3

일본문화의 스승, 한민족

"일본은 그 시원역사와 문화가 동북아 삼국 가운데 가장 뒤처질 뿐만 아니라 그들 스스로 창조한 문화가 전무하다 해도 과언이 아니다."[55]

일본 고대사의 진실!

이는 '일본의 고대사가 한민족의 역사'라는 진실을 통해 밝혀진다. 고대 한민족은 일본열도에 문화를 뿌리내린 선진문화의 주인공이었다. 고대사의 전 과정에 걸쳐 가르침

---

55) 안경전, 『개벽 실제상황』, 187쪽.

을 준 나라였다. 곧 "한국이 일본의 정신적 조국"이자 "스승의 나라"인 셈이다.[56]

문화의 이치를 생각해 보자. 문화는 그 수준이 높은 데서 낮은 데로 흐른다. 문화 수준의 높고 낮음에 시비 걸지 모르지만, 이는 만고불변의 역사적 사실이다. 그리고 고대일수록 그 흐름은 사람에 의해 이루어졌다. 교통, 통신수단이 발달하지 않은 만큼 당연한 일이었다.

문화는 사람들에 의해 이곳 저곳으로 전파되었다. 따라서 "한반도에서 문물을 전수받아 이룩한 일본 고대사의 실체가 단순한 문화전수 차원을 넘어선 한민족의 이민사"일 수 밖에 없다.[57] 문화를 전해 준 한반도는 일본열도의 선생국인 셈이다.

그러면 일본 고대사의 진실을 확인해 보자. 한반도로부터의 문화 흐름은 야요이 시대(기원전 1세기 경에서 약 300년간)부터 끊임없이 이루어졌지만,[58] 여기서는 『일본서기』에 나

---

56) 안경전, 『개벽 실제상황』, 177-178쪽.

57) "일본열도를 향한 한민족의 이주, 개척의 물결과 문물 전수는 근대에 이르기까지 크게 '여섯 차례'에 걸쳐 이루어졌다."(『개벽 실제상황』, 177쪽) 이는 죠몬, 야요이, 야마토, 아스카, 임진란, 1910년 한국강점에서 문화전수를 말한다.

큐수지역의 요시노가리 유적 | 야요이 시대에 조성된 고대마을 유적으로, 출토유물들이
한결같이 한반도와의 교류를 증명하고 있다.

58) 큐슈 사가佐賀현 간자키神崎군 요시노가리吉野ヶ里 유적이 있다.
기원전5~기원후 3세기의 야요이 시대 고대유적지이다. 한반도 문화
의 일본 전파 양상을 보여주는 유적이다. 여기서 원삼국시대 한반도
농경문화의 전파 모습을 볼 수 있다. 덧띠토기, 청동검, 청동거울, 청
동기 거푸집 등 한국유물과 비교해 보면 알게 된다. 그리고 요시노가
리 유적은 환호집락環濠集落이다. "요시노가리는 외국인 집락이었
다."(타케우찌타가오武內孝夫, 『현대』1995.2) 인골은 기원전 3세기
외국인의 모습이다. "…한반도에서 건너온 도래계의 사람들"이라 했
다(아사히朝日신문 1989.9.3;김달수, 『일본속의 한국문화 유적을 찾
아서3』, 대원사, 1999, 60쪽). 『죠몬시대繩文時代』(오야마슈죠小山修
三. 국립민속학박물관 교수)에 의하면, 야요이 시대로 들어갈 무렵인
죠몬 말기에 일본열도의 총인구는 약 7만5,800명인데, 야요이 시대
가 되면서 인구가 갑자기 59만 4,900명이 되었다 한다. 김달수는 천
손강림이 야요이인의 도래를 말한 것이라는 추정까지 하고 있다(위의
책, 61쪽).

타난 기록을 중심으로 보겠다. 물론 그 가운데서도 설득력이 없는 가공의 역사기록은 제외하고, 역사적으로 어느 정도 인정되는 내용을 중심으로 살펴보도록 하겠다.[59]

여기서 우리의 관심사는 세 가지다. 첫째는 한반도로부터의 도래인이며, 둘째는 문화(불교)혁명, 그리고 마지막이 문화선진국(백제)이 멸망한 사건이다. 이를 통해 "일본 고대사는 한민족의 이주사"임을 분명하게 밝히고자 한다.

먼저 도래인 문제를 살펴보자.

조선총독부에서 조선사편수회를 실질적으로 구도했던 쿠로이타 가쓰미黑板勝美는 일본민족의 기원을 밝히면서 일본

---

59) 1대 신무神武이후 2대 수정綏靖에서 9대 개화開化 천황까지는 일본 학자도 인정하듯이 만세일계의 황통을 만들어내기 위한 가공의 천황이다. 10대 숭신崇神 천황부터는 실재 가능성이 강한 천황이나 그 재위연대는 허구이다. 쓰다 소우키치津田左右吉도 "흠명欽明(29대. 539-571)조에 역력曆 박사가 백제에서 도래(554년)한 것이 사실이라 인정한다면, 그 이전 기록의 연대기는 믿을 수 없다"고 했다. 이는 일본의 열등감으로 일본의 국가 형성 시점을 끌어올리려는 노력으로 왜곡된 것이다. 대체로 5세기 중반의 21대 응략雄略조 부터는 대체로 일치한다. 숭신천황이 "故稱謂御肇國天皇也"(『日本書紀』)라 하는 것을 보면, 이 때가 실질적으로 야마토大和 조정의 기틀을 쌓기 시작한 때로 보인다. 가야계 왜왕조의 시조로 보기도 한다. 그러나 아직 뚜렷한 국가가 성립하기 전임에도 불구하고, 14대 중애仲哀천황과 신공神功황후 섭정기에 소위 '삼한정벌'과 '칠지도'문제("五十二年…則獻七枝刀一口。"『日本書紀』)가 나온다. 상당부분 왜곡된 역사일 수밖에 없다.

일본 고대유물, 우리 것과 닮았네

중앙박물관, 요시노가리-한반도 비교전시

국립중앙박물관(관장 김홍남)에서는 일본 기타규슈 사가현교육위원회와 공동으로 특별전 '요시노가리, 일본 속의 고대 한국'을 16일부터 12월2일까지 연다. 전시회에서는 요시노가리 유물과 한반도 유물 300여 점씩을 비교전시함으로써 한-일 고대문화 교류상을 보여준다.

요시노가리 유적은 야요이시대에 조성된 고대 마을유적으로, '최대 40만㎡가 넘는 대규모이다. 전기(기원전 3세기~2세기) 취락지에서는 흙 항아리와 돌칼, 석검, 숫돌 등 간석기가 발굴되었으며 중기(기원전 2세기~기원후 1세기) 유적지에서는 분구 묘지에서 옹관묘 14기 중 8기에서 동검이 출토됐고 1기에서는 자루달린세형동검과 유리대롱옥 79개가 출토됐다. 또 이와 별도로 2열로 2500기의 옹관묘군이 발견됐는데, 머리 없는 인골, 화살촉이 꽂힌 인골 등이 발견됐다. 청동기를 주조한 유구에서 4면으로 된 청동검 거푸집이 발견되고 주변에서 무문토기가 발견됐다. 후기(기원후 1세기~3세기) 취락지에서는 다량의 철제품, 중국제 동경, 본뜬 동경, 물결형 거푸집 등이 발견됐다. 1987년 첫 발굴 이래 지금까지도 발굴과 복원이 진행되어 일본인들의 국민관광지가 되었다. 이 유적이 주목되는 것은 그곳 출토 유물이 한결같이 한반도와의 교류를 증명하는 것들이기 때문. 특히 진주 대평리 유물을 그대로 옮겨놓은 듯하다.

각종 간석기, 아가리에 점토띠를 덧붙인 덧띠토기, 쇠뿔모양 손잡이 항아리 등은 한반도의 것과 흡사하다. 같은 거푸집에서 나온 것으로 보이는 잔무늬거울, 검신(劍身)이 좁고 끝이 뾰족하며 양날이 직선적인 한국식 동검, 자루달린 세형동검과 유리대롱옥 등은 한반도에서 현물 또는 기술로 일본에 전달됐다고 추정된다. 반면 제례용으로 추정되는 청동제 투겁창은 한반도 남부에서 출토되는데 이것은 역수입된 것으로 추정된다. 이번 특별전은 사가현의 제안으로 성사됐으며 한국 전시를 마치면 2008년 1월 1일~2월11일 일본 사가현립미술관에서 전시된다.

임종업 선임기자 blitz@hani.co.kr

좌로부터 일본과 한국에서 출토된 덧띠토기와 한국식동검, 쇠뿔모양 손잡이 항아리.(왼쪽이 일본 유물) 사진 국립중앙박물관 제공

요시노가리 유적 관련 기사 | 한겨레신문 2007. 10. 16

민족은 '외국(한반도)을 거쳐 일본에 온 것이 아니라 하늘에서 직접 일본열도로 왔다'고 주장했다.[60] 하늘에서 뚝 떨어진 민족이라는 말이렸다! 학자의 발상치곤 아연실색케 하는 주장이다. 손으로 하늘을 감추려는 처절함일까. 이것이 얼마나 일본 고대사의 진실을 감추려는 허울인가.

『일본서기』를 보자. 응신應神천황 때부터 백제 관련 기사가 눈에 띄게 많아진다. 백제왕의 즉위와 죽음(薨去)에 관한 내용도 자세하다.[61] 응신천황은 소위 만세일계로 보면 15대 천황이고, 시기적으로는 4세기 말[62]~5세기 초로 보인다. 이 때 눈길을 끄는 내용들이 있다. 도래인에 관한 기록들이다.

---

60) 黑板勝美, 23-24. 최재석, 『일본고대사 연구비판』, 일지사, 1990 참조.

61) 미즈노유우水野祐 등(1978)은 응신천황을 최초의 백제인 정복왕·지배자라 했다. 새로운 왕조의 시조라는 추론이 가능하고, 외부에서 들어와 왕통을 계승하였을 가능성이 높다. 응신천황을 김성호는 비류백제의 말왕末王(金聖昊, 『비류백제와 일본의 국가기원』, 지문사, 1982, 202쪽), 문정창은 부여후왕夫餘後王 의라依羅(文定昌, 『일본상고사』, 백문당, 1970, 38-43쪽)로 보았다.

62) 응신이 즉위한 해가 270년으로 되어 있으나, 거의 2주갑 상향 조정되었음을 감안한다면, 대략 390년 정도이다.

왕인 | 일본에 「논어」·「천자문」 등을 전해주고 백제문화를 심어주었다. 야마토 왜의 태자를 교육하였다.

"7년 9월, 고구려인·백제인·임나인·신라인이 조정에 왔다. 모든 한인들을 거느리고 연못을 만들었다. 그래서 그 못의 이름을 한인 못(韓人池)이라 했다."[63]

"8년 3월, 백제인이 조정에 왔다."[64]

"14년 2월, 백제왕이 옷을 만드는 장인(縫衣工女)을 보냈다. … 이 해 유쓰기노기미(弓月君)[65]가 백제로부터 왔다."

120현의 사람들을 이끌고 오려 했으나 신라의 방해로 가야국加羅國에 머물게 했다고 보고하였다. 16년 8월에 이 사람들을 일본으로 데리고 왔다.[66]

---

63) "七年秋九月, 高麗人百濟人任那人新羅人並來朝…領諸韓人等作池. 因以名池號韓人池."(『日本書紀』)

64) "八年春三月, 百濟人來朝."(『日本書紀』)

65) 『新撰姓氏錄』에는 백제인 궁월군을 "秦始皇帝 三世孫 孝武王也, 男 融通王(一云 弓月君)譽田天皇 十四年來…"로 변질되었다.

오사카에 있는 왕인묘

　"15년 8월, 백제왕이 아직기阿直岐를 보내고 좋은 말 2필을 보냈다."[67]

　"16년 2월, 왕인이 왔다. 태자의 스승으로 하였다. 왕인으로부터 여러 전적典籍을 배웠다. 통달하지 못한 것이 없었다."[68] 『논어』·『천자문』 등 10여 권의 유교 경전을 갖고 왔다.[69]

---

66) "十四年春二月, 百濟王貢縫衣工女。…是今來目衣縫之始祖也。是歲, 弓月君自百濟來歸。因以奏之日, 臣領己國之人夫百廿縣而歸化。然因新羅人之拒, 皆留加羅國…" "十六年八月, …乃率弓月之人夫, 與襲津彦共來焉。"(『日本書紀』)

67) "十五年…百濟王遣阿直岐, 貢良馬二匹。"(『日本書紀』)

"20년 9월, 야마토노아야노아다이倭漢直의 선조 아치노오미阿知使主와 그 아들 쓰가노오미都加使主가 당류黨類 17현을 거느리고 왔다."[70]

응신천황 다음인 인덕仁德천황 때[71]도 나라 지방으로 백제인의 이주는 끊임없이 이루어졌다. 특히 이 시기는 고구려의 광개토대왕(재위:391-413)과 그 아들 장수왕(재위:413-491)이 대륙을 누비던 때였다. 장수왕은 백제를 침공(475)했고, 백제의 위례성이 함락되고 개로왕이 전사했다.

백제는 웅진성(공주)으로 도읍을 옮기게 된다. 소위 제2의 백제 건국이라 할 만한 일이었다. 백제의 귀족 등 집단이 대거 남하했고, 그 중 일부가 일본으로 이주했다. 이후에도 이

---

68) "十六年春二月, 王仁來之。則太子菟道稚郞子師之。習諸典籍於王仁。莫不通達。"(『日本書紀』)

69) "百濟國, 若有賢人者貢上, 故, 受命以貢上人名, 和邇吉師, 即論語十卷, 千字文一卷, 并十一卷, 付是人即貢進。"(『古事記』)

70) "廿年秋九月, 倭漢直祖阿知使主, 其子都加使主, 並率己之黨類十七縣, 而來歸焉。"(『日本書紀』) 『신찬성씨록』에는 이 17현의 사람들이 太秦公宿禰라는 성을 갖고, 진시황의 3세손인 효무왕孝武王의 후예로 행세하였다고 기록하였다. 그러나 진秦나라가 망한 것은 이보다 500년 전의 일이다(문정창, 『일본상고사』, 293쪽).

주는 계속됐다. 그들은 그냥 빈 손으로 온 것이 아니었다.
백제에서 새로운 공인(今來의 才伎)들이 왔는가 하면, 도가와
도교에 대한 서적도 전해졌다. 7세기 초에는 승려 관륵이 천
문, 역법과 함께 둔갑, 방술에 관한 서적도 갖고 왔다.[72] 사
람의 이동과 함께, 문화가 본격적으로 전해진 것이다.

끊임없이 이주한 백제인들!

8세기 중반이 되면, 야마토 지역에 백제인이 80~90%를
차지했다. 『속일본기』에 그런 야마토 지역의 인구구성이 기
록되어 있다. '백제인 아치노오미阿知使主가 거느리고 온 17
현민이 야마토 왜의 정치중심지인 다카이치군高市郡(今來郡)
의 땅에 가득히 거주하여 백제인 아닌 사람은 10명 중 한
둘 뿐이었다' 라고.[73]

뿐만 아니라 이렇게 많은 백제인들이 사는 지역에서, 백
제인이 왕이 됨은 너무나 당연한 일이 아닐까? 그 야마토의

---

71) 중국 사서에 5세기는 왜倭의 찬讚 · 진珍 · 제濟 · 흥興 · 무武의 오왕
五王 기록이 있다. 인덕을 찬讚으로, 웅략雄略을 무武로 보는 입장들
이 있다. 웅신릉陵과 인덕릉陵은 일본 최대의 전방후원분이다.

72) "雄略天皇七年…集聚百濟所貢今來才伎於大嶋中。" "推古天皇十年…
冬十月, 百濟僧觀勒來之。仍貢曆本及天文地理書, 并遁甲方術之書
也。"(『日本書紀』)

왕이 일본 천황가의 계보를 이루었다는 사실을 우리는 너무나 잘 알고 있다.[74]

이는 '일본인'이 과연 누구인가를 묻게 한다. 왜냐하면 '일본인'은 한발 앞서거나 뒷 선 한반도인일 수밖에 없기 때문이다. 고대 한반도로부터의 도래인이 지금 우리가 말하고 있는 '일본인'에 다름 아닌 것이다. 그렇다면 1천 수백 년 전 고대에, 일본열도에는 그 나름대로의 역사를 형성한 '민족으로서의 일본인'은 아직 없었다고 봄이 옳을 것이다.

다음은 이러한 도래인과 함께 일어난 고대 일본의 문화혁명을 보자.

6세기 중반의 흠명欽明천황(29대. 539-571) 때였다. 야마토 왜에는 기존 문화를 뒤흔드는 혁명적 문화전환이 일어

---

73) "凡高市郡內者, 檜前忌寸及, 十七縣民滿地而居, 他姓者十而一二焉"(『속일본기』 772년 4월). 쓰다소우키치는 이 내용이 잘못된 것이라 하고, '백제인이 야마토왜의 중심지에 그렇게 많이 거주할 수 없다'고 한마디 언급한다. 뿐만 아니라 응신 14년 진조秦造의 조祖 궁월군弓月君이 120현縣의 인민을 거느리고 일본으로 온 것, 응신 20년 아야노아다이漢直의 조祖 아치노오미阿知使主가 17현縣 당류黨類를 거느리고 온 것도 하타秦, 아야漢씨가 가문세력을 위해 조작했다 하였다. 또 경우에 따라서는 그들이 야마토왜의 하층민이라고도 하여 대규모 백제이주민을 인정하기도 했다. 그러나 이는 『삼국사기』의 기록과 일치한다(최재석, "고대일본으로 건너간 한민족과 일본원주민의 수의 추정," 『동방학지』61, 1989).

났다. 기존의 '신도' 중심의 문화에서 '불교' 중심의 문화로 자리바꿈한 사건이다. 물론 이 혁명은 도래인들의 영향력 아래서 일어났다. 구체적으로 말하자면, 백제계통의 새로운 불교문화가 신라왕자 천일창이 퍼뜨린 신도문화를 밀어낸 것이다.[75]

당시 문화혁명을 둘러싼 싸움의 두 중심세력은 소가蘇我 가문과 모노베物部 가문이었다. 야마토 왜 조정에서 소가 가문이 대신大臣으로 재정을 담당했고, 모노베 가문이 대련大連으로 군사·경찰·치안을 맡았다.

---

74) 최재석은 이러한 사실로 일본천황이 백제인이라 논증하였다(최재석, "日本古代天皇原籍考", 『한국학보』51, 1988). 또한 니니기의 후손인 신무천황이 규슈→세토내해→야마토에 이르러 개국했다는 기록과, 응신시대 백제의 대규모 집단이주민이 백제→큐슈→내해→야마토로 온 것이 일치함에 주목했다. 야마토의 그 전의 지배자 오오나무지(일본원주민)가 천손에 협박당하여 국토를 내준 것이라 했다. 문화수준에서도 차이가 나는 1/10의 원주민이 게임이 될 수는 없었을 것이다. 그렇다면 일본국가의 형성은 한민족의 '정복' 사에 다름 아니다(최재석, "일본원주민의 문화수준과 고대일본의 개척자", 『동양사학연구』, 30, 1989).

75) 이 사건은 신라에서 이차돈 순교(527)로 고유의 신교문화가 불교문화로 뒤바꿈을 한 일과 같은 성격을 갖는다. 이는 고대 사회에서 국가 기반인 문화를 개혁하는 중대한 사건이었다. 법흥왕은 이차돈 순교를 계기로 전불가람터인 천경림天鏡林에 신라 최초의 불교 사찰인 흥륜사興輪寺를 지었다.

551년 10월, 백제 성왕聖王이 불상과 불경을 보내며 일본에 불법이 일어나기를 바라는 글을 주었다. 이를 받은 흠명천황은 "예배할 것인가 말 것인가"를 군신들에게 물었다.

소가가문의 대신[蘇我稻目宿禰]이 먼저 말했다.

"여러 나라가 다같이 예배하고 있습니다. 일본이 어찌 혼자 배반할 수 있습니까."'불佛을 예배할 것'을 말한 것이다.

그러나 모노베 가문의 대련[物部尾輿]이 반대했다.

"일본이 천하에 왕 노릇을 하게 된 것은 항상 천지사직의 백팔십신百八十神을 춘하추동에 제사지내는 것을 일로 하였기 때문입니다. 지금 그것을 고쳐서 외방의 신(蕃神. 佛을 말함-인용자 주)을 예배한다면 국신의 노여움을 살 것입니다."[76]

두 가문간의 대립에서 문화전쟁이 시작되었다. 이 때부터 야마토 왜 조정은 50년간 치열한 문화전쟁을 치렀다. 전쟁은 여러 왕이 죽을 때까지 계속되었다.

---

76) "欽明天皇十三年(五五二)冬十月, 百濟聖明王〈更名聖王。〉…獻釋迦佛金銅像一軀, 幡盖若干・經論若干卷。… 蘇我大臣稻目宿禰奏曰, 西蕃諸國, 一皆禮之。豐秋日本, 豈獨背也。物部大連尾輿, 中臣連鎌子, 同奏曰, 我國家之, 王天下者, 恒以天地社稷百八十神, 春夏秋冬, 祭拜爲事。方今改拜蕃神, 恐致國神之怒。"(『日本書紀』)

민달敏達천황(30대. 572-585) 때, 전쟁은 더욱 격화되었다. 584년(민달 13)에는 미륵석상이 백제에서 왔고, 소가 가문[蘇我馬子]은 불법에 귀의하여 불심이 더욱 깊었다. 그러나 소가 대신이 병들고, 나라에 역병이 돌자 모노베 가문에서 좋은 기회를 놓치지 않았다.

"어찌하여 신의 말을 듣지 않습니까. 역병이 유행하여 백성이 다 죽는 것은 소가 대신이 불법을 일으키기 때문입니다."

절에 가서 탑을 허물고 불을 질렀다. 소가 대신도 가만있지 않았다. 모노베 대련이 갑자기 두창에 걸리자, 불상을 태운 죄라 했다.

문화전쟁은 민달천황과 용명用明천황(31대. 585-587) 때에 결말이 났다. 용명은 흠명의 네 번째 아들이다. 그는 "불법을 믿고 신도를 공경하였다."[77] 그리고 불교에 귀의하려 했다.

당연지사, 모노베 가문의 대련[物部守屋]이 반대했다.

"어째서 국신國神에 반하여 다른 신(他神)을 공경하는가"[78]

---

77) "天皇信佛法尊神道."(『日本書紀』) 여기서 최초로 '신도'란 명칭이 보였다.

78) "用明天皇二年(五八七)…天皇詔群臣曰, 朕思欲歸三寶。…物部守屋大連與中臣勝海連, 違詔議曰, 何背國神, 敬他神也。由來不識若斯事矣。"(『日本書紀』)

라고.

용명천황이 갑자기 사망하자, 급기야는 불교를 받드는 소가 가문[蘇我馬子]과 무력을 사용한 전쟁이 일어났다.[79] 결국 이 전쟁은 587년 소가파가 승리하였다. 소가 가문이 지원하는 숭준崇峻천황(32대. 587-592)이 즉위했다. 이로써 일본에는 신도가 약화되고 불교가 새로운 지배문화로 자리잡았다. 백제불교의 승리였다.

전쟁이 끝나 소가 가문이 승리하자, 섭진국攝津國(현재 오사카 지역)에 사천왕사四天王寺를 지었다. 나라분지의 남단인 아스카의 땅에 아스카사飛鳥寺(정식명칭은 安居院이며 뒤에 法興寺 혹은 元興寺라고도 함. 588)를 세웠다.[80] 이는 일본열도에서 본격적인 가람의 시초였다. 찬란한 '아스카飛鳥 문화'의 초석이 되는 것이었다. 주지하다시피 아스카 문화는 일본문화의 모체가 된다. 가람 조영에는 수많은 백제 승려들과 기술자들이 참여했다. 아스카사는 596년(33대 추고推古천황 4년)에 완성되었다. 『부상략기扶桑略記』를 보면, 아스카사의 탑사 봉안식 때에 만조백관이 백제 옷을 입고 따랐다 한다. 이

아스카 대불大佛 | 아스카절의 금당안에 있는 대불은 백제인, 사마지라司馬止利가 주조한 것으로 일본에서 가장 오래된 금동불이다.

| 나라의 아스카절 | 일본 열도의 본격적인 가람의 시초가 되었나.

러한 백제 불교를 바탕으로 '아스카 문화'가 일어난 것이다.

불교뿐만이 아니다. 백제로부터 의醫, 역易, 력曆 박사도 왔고, 복서卜書, 력본曆本과 약재들도 들어왔다.[81] 이 때부터 백제 멸망(660) 때까지 백제문화는 일본열도에 물밀 듯 밀려들었다.

---

79) 용명用明천황이 갑자기 죽자, 용명왕의 노골적인 국신國神배반, 불교귀의에 분개한 모노베 대련 등이 습격, 살해한 것이라 했다. 용명왕은 민달敏達천황에 이어 불교전쟁의 제1의 희생자인 것이다(문정창, 『일본상고사』, 409쪽).

80) 당연한 일이지만, 이 불사 조영은 조정의 최고대신인 소가노우마코에 의해 이루어졌다. 소가노우마코의 증조부는 목례만치, 곧 소가노마찌이다.

서명舒明천황(34대. 629-641)과 그 황후인 황극皇極천황(35대. 642-645) 때도 백제문화의 영향력은 더욱 커졌다. 639년(서명 천황 11년)의 기록은 이 사실을 직접적으로 전해준다.

"올해 큰 궁(大宮=百濟宮) 및 큰 절(大寺=百濟大寺, 후의 大安寺)[82]를 만들겠다 하였다. 백제천(소가천 曾我川) 곁을 궁처로 하였다. 서쪽의 백성은 궁을 짓고 동쪽의 백성은 절을 지었다."

이 해 12월에는 백제천 곁에 구층탑九重塔이 세워졌고, 다음 해(640) 10월에는 백제궁이 완성되어 천황이 옮겨 살았다. 그리고 이듬해인 641년 서명천황은 죽음을 맞았다.

"천황이 백제궁에서 죽었다. 궁 북쪽에 빈궁을 설치하였다. 이를 백제의 대빈이라 한다."[83]

수구초심首丘初心이라 하지 않았던가. 인간은 죽음을 맞이하여 고향을 그리워하는 귀소歸巢 본능이 있다. 백제는 그들의 고향이었던 것이다. 이는 부정할 수 없는 사실이었다. '백

---

81) "欽明天皇十四年(五五三) … 別勅醫博士, 易博士, 曆博士等, …宜付還使相代, 又卜書, 曆本種種藥物可付送。"(『日本書紀』). 쓰다 소우키치 津田左右吉은 이 점을 들어 흠명기 이전은 물론 이후의 부분도 연월일에 조작이 있다고 했다.

82) 나라현 사쿠라이시 키비이케吉備池 폐사廢寺.

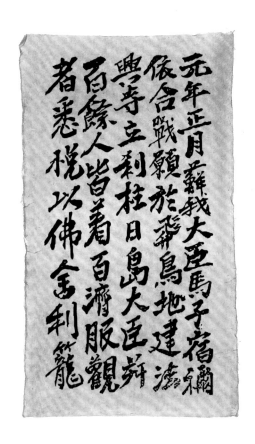

『부상략기[扶桑略記]』의 기록ㅣ '(推古天皇)元年正月 蘇我大臣馬子宿禰 依合戰願 於飛鳥地建法興寺 立刹柱日 島大臣竝百餘人 皆着百濟服 觀者悉悅 以佛舍利 籠置 刹柱礎中).'

백제 불교문화를 꽃피운 제 33대 추고推古 천황 (재위 592~628)이 등극한 직후인 593년 정월, '아스카 땅에 법흥사를 건립하면서 찰주를 세우던날 소가노우마코 대신을 비롯하여 만조백관이 '백제옷'을 입고, 구경하는 사람들이 기뻐하는 가운데 백제에서 보내온 부처님 사리함을 찰주의 기초 속에 안치했다'는 내용이다. '만조백관이 '백제복'을 입었다' 는 것은 추고 천황의 아스카 왕실이 백제계 왕가임을 말해준다.

제대빈'은 바로 고향 백제에서 행해졌던 3년상이었다.

그 다음에 왕위를 승계한 황극천황 때에도 백제의 영향력을 감지할 수 있는 내용을 찾을 수 있다. "백제 왕자 교기가 오자, 왜 조정은 향응을 베풀고 소가노우마코가 교기와 수시로 대화"하였다는 기록이다.[84]

소가노우마코蘇我馬子!

모노베 가문을 꺾고 백제 불교문화, 곧 아스카 문화를 연 실력자이다. 나는 새도 떨어뜨리는 권력을 장악한 자였다. 야마토 왜의 그런 실력자와 백제왕자의 이러한 친교는 그저 단순한 의례적 환대만은 아니었을 것이다. 백제와 왜의 정치, 문화에 대한 전반적 논의가 진행되었음이 틀림없는 사실이다. 왜에 대한 백제의 영향력을 어렵지 않게 확인할 수 있는 내용이다.

왜 조선이 일본의 선생국인가.

그 마지막 근거를 들어보자. 그것은 다름 아닌 문화 선진

---

83) "舒明天皇十一年秋七月, 詔曰, 今年, 造作大宮及大寺。則以百濟川側
爲宮處。是以, 西民造宮, 東民作寺。… 十二月是月, 於百濟川側, 建九
重塔。… 十二年冬十月, 徙於百濟宮。… 十三年冬十月己丑朔丁酉, 天
皇崩于百濟宮。… 丙午(18일), 殯於宮北, 是謂百濟大殯。"(『日本書紀』)

84) "蘇我大臣…喚百濟翹岐等, 親對語話。"(『日本書紀』)

국의 위기에서도 밝혀진다. 문화 모국 백제가 위기를 맞는데 제자의 나라인 야마토 왜가 가만히 있다면, 그 관계가 의심스러워진다. 이런 관계는 이미 흠명조부터 보여진다. 이 시기의 백제는 성왕 때다. 성왕 말기에 들어서면서, 백제는 고구려 및 신라와 끊임없이 전쟁을 치르고 있었다.

554년, 성왕이 신라 관산성을 치다가 전사한 소식도『일본서기』에 보인다. 야마토 왜는 종국宗國 백제를 구할 양으로 이때부터 구원군을 이끌고 백제로 향했다.[85] 야마토 왜에서는 소가 가문과 모노베 가문간 문화전쟁의 전운이 바야흐로 감돌기 시작한 때이다. 결과적으로 본다면, 소가씨 집권하의 야마토 왜 조정이 향후 거의 106년 동안 한반도의 삼국간 쟁패전에 휩쓸려 들어갔다. 야마토 왜는 백제와 공동운명체였기 때문에 백제국을 구원하기 위해서 국력을 다 쏟은 것이었다.

660년, 백제가 멸망했다.

이런 와중에 야마토 왜가 조용히 있었을 리 만무하였다.

---

85) "欽明天皇十五年(五五四)正月… 此年之役, 甚危於前。願遣賜軍, 使逮正月。於是, 內臣奉勅而答報曰, 卽令遣助軍數一千, 馬一百疋, 船四十隻。… 十五年(五五四)夏五月丙戌朔戊子, 內臣率舟師詣于百濟。"(『日本書紀』)

별 일 없듯 가만히 있었다면, 그건 백제와의 관계가 대수롭지 않다는 증거이다. 제명齊明천황(37대. 655-661) 때다. 백제로부터 멸망소식이 전해 졌고, 야마토 왜는 그 소식에 크게 동요했다. 야마토 왜는 바삐 움직였다. 병사갑졸을 서북 해안에 배치하고 성책을 수리하였다. "산천을 단절하는 전조"라 하여 백제와 왜의 공동운명체 관계를 드러내었다.[86] 천황은 '몸소 손을 씻고 입을 행구고 정결하게 한 후 신에게 기원을 드렸다.' 성전聖戰에 나서기 앞선 의식처럼 보인다. 마음을 가다듬으며 백제 회복을 결의했다.

"위태로움을 돕고 끊어진 것을 잇는 것은 당연한 일이다. … 창을 베개로 하고 쓸개를 맛보고 있다. … 장군에 나누어 명하여, 여러 길을 같이 나아갈 것이다. 구름처럼 만나고, 번개처럼 움직여, 같이 백제의 땅에 모여 그 원수를 참하고, 긴박한 고통을 덜리라."[87]

제명천황은 추운 12월, 아스카를 출발하여 오사카의 나니

---

86) "百濟遣使奏言, 大唐, 新羅, 并力伐我。…由是, 國家, 以兵士甲卒, 陣西北畔。繕修城柵, 斷塞山川之兆。"(『日本書紀』)

87) "齊明天皇六年冬十月,…乞師請救, 聞之古昔。扶危繼絕, 著自恒典。…枕戈嘗膽。…分命將軍, 百道俱前。雲會雷動, 俱集沙喙, 窮其鯨鯢, 紓彼倒懸。"(『日本書紀』)

와궁에 도착했다. 여기서 무기를 정비하고 배를 만들었다. 그러나 사람들은 싸움에 질 것을 알았다. 구원군이 패할 것이라는 동요도 유행했다. 그러나 그러한 일들이 천황의 뜻을 꺾지 못했다. 천황은 직접 백제가 가깝게 보이는 큐슈의 아사쿠라궁까지 갔다. 발을 동동 구르던 모습이 보인다. 이렇듯 초조함에 애태우던 천황은 자신의 계획이 이루어지는 것을 보지 못한 채 아사쿠라궁에서 죽었다. 혹시 그 죽음이 울화병 때문은 아니었을까?

그 뒤를 이어 천황의 자리에 오른 천지天智천황(38대. 661-671)은 서명천황과 황극천황의 아들이었다. 천지천황 역시 백제부흥운동에 적극 동참하였다. 663년, 백제 부활의 최대 고비인 백강구[88] 전투에 나설 구원군이 편성되었다. 선박 400척에 지원군 2만 7천명의 대선단이었다.

백강구 전투는 동아시아 판도를 가르는 최초의 국제해전이었다. 신라와 당군, 백제와 왜, 탐라국 군사까지 모두 10

---

88) 『일본서기』에는 백촌강白村江이라 했고, 당서『唐書』에는 백강白江, 『삼국사기』에는 기벌포伎伐浦, 금강錦江의 강구 부근이라 했다. 백촌강을 논산군 강경 근처의 금강으로 보거나(酒井改藏, 『日本書紀の朝鮮地名』, 親和, 1970, 19쪽), 부안군 변산반도 남연南緣의 줄포만茁浦灣으로 보는 입장이 있다(光岡雅彦, 『韓國古地名の謎』, 學生社, 1982, 51쪽).

백강구 전쟁 | 한반도를 무대로 한 동아시아 최초의 국제 해전으로 신라와 당, 백제와 일본 등이 참전했다.

만 여명, 전선 1,170척이 참가했다. 백제의 부활을 건 싸움에서 백제는 패했다. 백제 왕자는 탐라국, 왜국 병사들을 데리고 투항했다.[89]

눈물을 흘리며 한탄했다.

"어찌하나, 백제의 이름이 오늘로 끊어졌으니 조상의 분

---

89) 백제왕자가 탐라와 왜 그리고 백제군을 통솔했다는 사실도 당시 왜와 백제의 관계를 추정하는데 도움을 준다.

묘가 있는 곳을 어찌 또 갈 수 있으리오."[90]

백제 유민들도 떠나기 시작했다. 3,000명 이상이 배를 타고 야마토 왜로 이주했다.[91] 그들을 인솔한 것은 백제의 장군들이었다는 사실도 주목할 만하다. 야마토 왜의 사람들이 아니었다.

이처럼 백제의 장군들이 야마토 왜로 옮겨갔다. 그들은 일본열도 곳곳에 산성을 구축하며 이동했다. 쓰시마, 이키섬, 쯔쿠시 등에 병사를 두고 봉화를 마련하였다. 쯔쿠시에는 큰 제방을 만들고 물을 담게 하였다. 이것이 현재 큐슈에 있는 수성水城이다.[92] 나가토성長門城도 만들고, 마지막으로 가와치와 야마토 경계에 있는 다카야스산高安山에 한국 고

---

90) "二年(六六三)…百濟州柔城, 始降於唐。是時, 國人, 相謂之曰。州柔降矣。事無奈何。百濟之名, 絶于今日。丘墓之所, 豈能復往。但可往於弓禮城, 會日本軍將等, 相謀事機所要。"(『日本書紀』)

91) 663년 백제 부흥군이 패하자, 백제 지배층인 좌평 여자신, 달솔 목소귀자, 곡나진수, 억례복류 등이 야마토 왜로 이주한다. 천지天智 4년 2월에 오우미국近江國 가무카사군神前郡(현재의 시가현滋賀縣)에 400여인, 5년에 동국東國에 2,000여인, 8년에 백제 장군인 좌평 여자신, 귀실집사 등 700여인을 오우미국近江國 가모우蒲生郡에 옮겨 살도록 했다는 기록이 있다.

92) "天智天皇三年(六六四)是歲, 於對馬嶋, 壹岐嶋, 筑紫國等, 置防與烽。又於筑紫築, 大堤貯水。名曰水城。"(『日本書紀』)

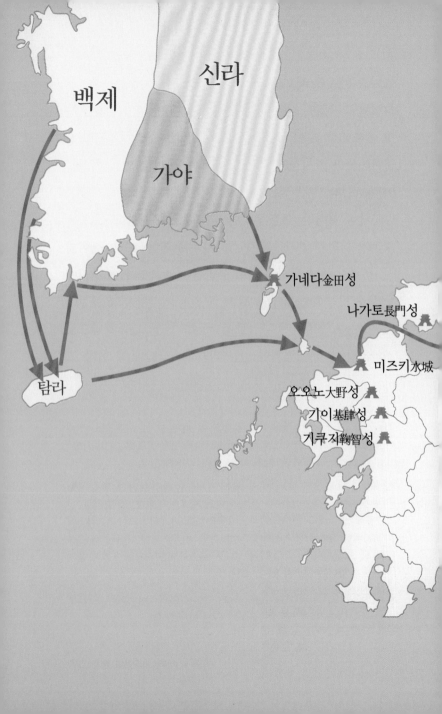

백제인의 야마토 왜 이동루트(5세기 후반)와 일본열도에 축성된 한국 성들 | 백제가 멸망한 직후 백제 장군들은 일본 나라 지역으로 이동하면서 일본열도 곳곳에 성을 쌓았다.

유의 산성을 구축했다. 여기에는 식량을 저장해 두었다.

백제가 야마토 왜와 아무 관련이 없는 별개의 나라라 하면, 어찌 '조상의 분묘'를 운운하고 왜의 땅에 성을 쌓을 수 있단 말인가. 말하자면 백제장군들은 후퇴하면서 성을 쌓아, 항전의 장소를 일본으로 옮겨 신라와 당군의 침공에 대비하였던 것이다. "백제의 장군이 백제의 지배층을 야마토 왜의 오우미 지방에 이주시키거나, 백제의 장군이 야마토 왜에 후퇴하여 요소요소에 성벽을 쌓아 신라군의 침공에 대비할 수 있었던 것이다."[93]

뿐만 아니다. 야마토 왜는 천지천황 6년에, 야마토 지역에서 오우미 오쯔(近江 大津京)로 왕도까지 옮겼다. 백성들은 이런 천도를 원치 않았다. 그럼에도 불구하고 왕도를 옮긴 것은 특별한 이유가 있어서였다. 앞서 보았던, 백제 패망 이후 일본열도로 몰려든 백제유민들이 집단적으로 이주한 곳이 바로 오우미 지역이었다. 뿐만 아니라 오우미는 야마토 지역보다 한반도로부터 멀리 떨어져 있었고 내륙 깊숙한 곳이었다. 조금이라도 안전해지길 바랐던 배려 때문에 오우미가 선택된 것이다. 그런데 야마토 왜 왕조가 그곳으로

---

93) 최재석, 『일본 고대사의 진실』, 일지사, 1998, 84쪽.

왕도를 옮겼다. 또 일본으로 온 이주민들은 오우미에서 백제에서의 관직을 고려해 비슷한 자리를 얻었다.[94] 땅도 나누어 받았다.

오우미近江 왕조에서 관직을 받은 백제인이 70명을 넘었고, 많은 장군들이 군의 요직을 차지했다. 그곳에 사찰과 석탑을 세우고 백제문화도 이식했다. 백제인들 중에는 병법과 약을 다루는 능력[解藥]은 물론, 오경五經과 음양陰陽에도 밝은 자들이 많았다. 또한 고관으로 출세하여 일본의 율령국가 건설에 공헌한 인물도 많았다.

이를 어떻게 이해해야 할까? 같은 부모, 형제국이 아닌 이상 감히 취할 수 없는 조치들이다. 지원군, 백강구 전투, 일본열도로의 피신, 성 쌓기, 오우미로의 천도와 오우미 왕조의 백제인 환대 … .

이처럼 문화 선생국 백제의 멸망은 야마토 왜로서는 큰 충격이었다. 하늘이 무너지는 느낌이었으리라. 때문에 있는 힘을 다하여 조금이라도 연명해 보려고 필사적인 노력

---

94) "…勘校百濟國官位階級…復以百濟百姓男女四百餘人, 居于近江國神前郡…給神前郡百濟人田…五年…以百濟男女二千餘人, 居于東國。凡不擇緇素, 起癸亥年, 至于三歲, 並賜官食。"(『日本書紀』)

을 기울였던 것이다. 그러나 현실은 냉혹했다. 모든 노력에도 불구하고 백제는 멸망했고, 수많은 백제인들이 야마토 왜로 이동하였다. 그들은 미래의 꿈을 꾸었다. 한반도에서 잃어버린 백제의 한을 가슴속 깊이 간직하면서.

수많은 백제인의 이주와 문화 전파에 따른 문화혁명, 그리고 문화 선생국 백제의 멸망. 그 때마다 일본이 보여준 태도는 모두 한 가지 사실로 모아진다. 곧 '일본 고대사는 한민족의 이주사'라는 사실이다. 이는 일본의 고대사를 반추해본다면, 그 어느 누구도 부정하기 어렵다. 그리고 그들이 한을 품고 꿈을 꾸었다는 사실도. 일본 땅에서 품었던 한, 그것이 몇 천 년 후에 다시 선조의 땅 한반도로 들어온 것이 아니었을까?

chapter4

역사왜곡의 시작

한민족은 환국-배달-조선의 삼성조시대가 지난 후 열국시
대 이래 중국 한족漢族과 일본에 의한 상고上古 역사의 왜곡
으로 민족사의 뿌리가 단절되어 그 상처가 심히 깊더니…
(『도전』 1:1:7)

'일본 고대사는 한민족사!'

문화 선생국 백제의 멸망으로 야마토 왜는 자립의 길을
모색해야 했다. 천무天武천황(40대. 673-686)이 그 선두에
섰다. 그는 임신의 전쟁(672)[95]에서 승리하여 천황의 자리
에 올랐다.

671년, 천지천황은 조정 내부에서 후계자로 여겨지던 동

생 오오아마大海人를 제쳐두고, 아들 오오토모大友를 후계자로 삼을 방침을 굳혔다. 그러나 오오아마는 이를 거부하고 이듬해(672년)에 반란을 결의하였다. 오오아마가 공세를 개시하여 오우미의 오츠궁으로 진격하여 대세를 장악했다. 사태가 여기에 이르자 오오토모는 자결했다. 이것이 임신의 전쟁이고, 이 때 권력을 장악한 오오아마가 바로 천무천황이다.

이 전쟁을 왕위계승을 둘러싼 내부의 내란으로 보는가 하면, 한편에서는 동아시아 국제관계와 관련된 전쟁이라고 주장한다. 곧 신라와 당에 의해 백제와 고구려가 멸망한 직후의 전쟁이기 때문이다. 한반도의 영향을 받지 않을 수 없을 것이라는 생각이다.

앞 장에서 보았듯이 천지천황은 제명천황의 뜻을 이어 백제의 부흥과 원조를 위해 동분서주했다. 그러나 이제 백제가 멸망한 마당에 일본의 정체성이 흔들릴 수 밖에 없었다. 승전국인 신라도 가만히 있을 수 없었다. 국제관계는 바로 이런 신라와 백제 그리고 야마토 왜의 관계를 말함이다. 천

---

95) 소설적 기법이지만 야기소우지八木莊司의 『고대로부터의 전언傳言-임신壬申의 난亂』(角川서점)과 세키유지關裕二의 『임신壬申의 란亂의 수수께끼』(PHP문고)도 읽어볼 만하다.

지천황은 백제와 가깝고 천무천황은 신라와 가깝다. 천지천황의 후계를 놓고 천지와 천무는 불화했고, 천지천황이 죽자 이것이 폭발했다. 결국 신라에 가까운 천무천황이 정권을 잡은 것이다.

바로 이런 점에 착안하여, 스즈키鈴木治는 '당과 신라가 힘을 합해 전부터 소문으로 듣던 천지와 천무의 불화를 이용하여 천지를 무너뜨리고 괴뢰왕조를 만들었다'고 했다. 최재석도 같은 내용을 지적했다. 오히려 그는 더 적극적으로 해석했다. '신라와 천무가 손을 잡고 천지를 넘어뜨리고 신라의 지시를 따르는, 곧 천무의 정권이 괴뢰왕조'라 하였다. 그는 이런 사실을 입증하기 위해 다양한 자료들도 제시하였다.[96]

문정창의 지적은 더욱 노골적이다. 그는 천무왕조의 기록에 나타난 19회에 걸친 빈번한 신라왕래를 증거삼아, 아예 '신라계 천무왕'이라 못 박았다. 정효운은 천무천황의 혈연적 계통을 문제삼았다. 그는 '천무천황이 신라계 도래인인 이즈모계出雲系이며 그를 지원한 동국東國의 세력도 신라 도래인 계통이다. 그리고 천무천황이 집권한 이후 30년간은

---

96) 최재석, 『일본 고대사의 진실』, 일지사, 1998, 112-121쪽.

일본과 신라가 밀월관계에 들어갔다'고 주장하였다.[97]

『일본서기』의 기록을 보면, 전쟁이 끝나자, 신라에서 김압실 등이 쯔쿠시(큐슈)에 와서 야마토 왜의 관료들로부터 향응 접대를 받고, 바로 그날 전쟁에 대한 논공행상이 이루어졌다고 했다. 10일 후에도 공훈이 있는 자들에게 그 차이를 고려하여 관위를 주었다. 김압실이 일을 마치고 돌아갈 때는 야마토 왜 조정에서 배 한척을 내주었다.[98] 이는 신라와 야마토 왜 조정의 관계를 알아볼 수 있는 좋은 자료가 된다. 그리고 몇 년 뒤에는 신라가 보낸 관리가 국정을 보고받고 있다는 사실[99]도 좋은 단서가 된다. 최재석, 정효운 등도 모두 이러한 자료를 사용하여 자신의 의견을 전개하여 나갔다.

---

97) 정효운, "일본 율령국가와 통일신라의 형성에 관한 일고찰", 『신라문화』 25집, 동의대, 2007. 그러나 『일본서기』는 백제계가 편찬에 참여함으로써 반反신라관이 담겼다고 하였다.

98) "天武天皇元年冬十一月戊子朔辛亥(24일), 饗新羅客金押實等於筑紫。即日, 賜祿各有差。十二月戊午朔辛酉(4일), 選諸有功勳者, 增加冠位。仍賜小山位以上, 各有差。壬申(26일), 船一隻賜新羅客。癸未, 金押實等罷歸。"(『日本書紀』)

99) "天武天皇五年十一月丁卯(3일), 新羅遣沙飡金淸平請政。"(『日本書紀』) 請은 求, 問, 告, 召, 受 등 다의적 글자로, 여기서는 신라사新羅使가 천무조天武朝로부터 정무에 관한 보고를 받는다는 뜻이다(문정창, 『일본상고사』, 537쪽).

이러한 사실들로 미루어 볼 때, 임신의 전쟁은 백제부흥운동인 백강구 전쟁 다음에 벌어진 국제전쟁이다. 백강구 전쟁이 한반도를 무대로 했다면, 임신의 전쟁은 일본열도에서 일어난 '일본 고대 최대의 전쟁'인 셈이다.

이 전쟁에서 이긴 천무천황은 전대 이래의 모든 제도를 일신하여 나갔다. 토착화된 귀족세력을 억누르고 중앙집권 정책을 강력하게 추진하였다. 새 술을 새 부대에 담는 조치들이었다. 모든 것을 새로 바꾸고 새 틀을 짰다. 당연지사, 신라의 후원을 받은 조치들이었다.

일본 고래의 의복제도를 금지하고, 『부상략기』에 기록되었던 백제의 의복도 금지했다. 신라복으로 바꾸는 의복령을 제정하고 신라복을 왕족·귀족 등에 하사하여 착용하도록 하였다. 관위제 역시 신라식으로 바꿨다. 문무관文武官 선임제, 호적 및 일력의 제정과 사용, 성씨제 실시, 불교행정의 개혁, 승마제 실시, 국가 기본법(율령: '大寶令') 편찬(701) 등 행정 전반을 개혁해 나갔다.

그뿐만 아니라 왕경을 조영하고, 도읍도 옮겼다(694). 오우미에서 다시 아스카(奈良縣 高市郡 明日香村)로 바꿨다. 이곳이 바로 '신라의 경주를 본뜬' '초석립주'礎石立柱 건축양식으로 지은 최초의 왕경王京이었다. 일명 후지와라교藤原京라

하였다.[100] '천황'이란 호칭도 '천황대제'에서 차용하여 공식적으로 사용하기 시작했다. 천황대제는 자미원을 구성하는 자리, 하늘의 성스러운 황제를 말한다는 천황대제별인 북극성을 말한다. 천황은 '북신北辰의 별', 곧 북극성을 신령화한 용어였다. 『일본서기』나 『고사기』에는 607년부터 천황칭호가 사용되었지만, 공식화된 것은 이 때, 곧 천무조부터였다.

일본열도에서는 지금까지 한반도, 특히 백제와 연결된 역사의 고리를 끊는 '새로운 천황' 중심의 '새로운 역사'가 만들어지기 시작했다. 670년에는 아예 국호도 '일본'으로 바꾸어 버렸다. 『삼국사기』를 보면, 문무왕 10년(670) 12월에 "왜국이 이름을 고쳐 일본日本이라 하고 스스로 '해 나오는 곳에 가까워 이처럼 이름을 지었다.'"고 했다.[101]

드디어는 모든 관계를 끊어내고 재정리하는 역사편찬 작업을 시작하였다.[102] 그 결과, 720년 『일본서기』가 편찬되

<hr />

100) 이 모든 개혁에 미친 신라의 영향력 및 '초석립주' 건축양식에 대해서는 최재석, 『일본 고대사의 진실』, 일지사, 1998, 127-148, 289-299쪽에 잘 나타나 있다.

101) "文武王十年十二月, 倭國更國號日本, 自言近日所出, 以爲名。"(『三國史記』 '신라본기') "日本國者, 倭國之別種者, 以其國在日邊, 故日本爲名。"(『舊唐書』) "或曰, 倭國自惡其名不雅, 改爲日本。"(『舊唐書』)

었다.[103] 『일본서기』는 일본 정부에서 편찬한 최초의 정사 正史이다. 일본의 신대神代부터 지통持統 때까지(초기-696) 기록되었다.[104] 이 속에는 고대 일본인이 한민족이라는 사실도 숨겨져 있다. 일본민족의 원과 한이 숨겨진 것이다. 일본열도로서는 새로운 출발을 위한 첫 발걸음이었다. 한반도의 흔적을 지워나가는 일. 그런 만큼 일본의 한도 깊어 갔다. 역사를 바꾸는 일은 간단치 않았다. 이는 곧 역사왜곡의

---

102) "天武天皇十年(六八一) … 天皇御于大極殿, … 令記定帝妃及上古諸事。"(『日本書紀』)

103) 이에 앞서 712년에 『고사기古事記』가 편찬되었다. 오노야스마로太安万侶에 의해 편찬된 일본 최고最古의 역사서이다. 『일본서기』에 비해 신화적, 설화적 분위기가 지배적이다. 일본국의 고대왕들은 그 계보가 바뀔 때마다 이전의 제왕기帝王紀 등을 폐기, 수정하여 자계自系 중심의 새로운 제왕세기를 편찬하였다(문정창, 『일본상고사』, 545쪽). 이 외에도 일본 역사서는 『속일본기續日本記』(697-791), 『일본후기日本後紀』(792-833), 『속일본후기續日本後紀』(834-850), 『문덕실록文德實錄』(850-858), 『삼대실록三代實錄』(858-887) 등이 있다. 이 외에도 각 지방의 산물, 지명유래, 전승신화 등을 지명단위로 조사하여 중앙정부에 제출케 한 보고서로 『풍토기風土記』(713)가 있고, 현재 완본이 유일하게 전해지는 것이 『이즈모국풍토기出雲國風土記』이고, 일부분만 전해지는 것도 몇 권 있다.

104) 持統 은 '통統을 바로잡는다' 는 뜻이며, 부여씨 왕통이 부지扶持하게 되었다는 뜻에서 지어진 것이다. 문정창은 이런 논리를 세워 백제 의자왕계가 천지-지통으로 이어졌다고 주장하였다(문정창, 『일본상고사』, 157-159쪽).

『일본서기』 | 일본역사가 처음으로 정리된 책이다.

시작이었기 때문이다.

대다수의 역사서가 그러하듯, 『일본서기』는 은폐·조작된 역사 기록이었다. 그들의 원과 한을 마음 속 깊은 곳에 심어둔 채로, 만세일계의 정통성을 만들었다. 한반도의 역사와 자신들의 역사를 분리하여 역사의 독자성을 세워 나갔다. 홀로서기다! 그렇다. 홀로서기는 '새로운 역사 만들기'로 시작되었다. 집안을 만들어 족보를 새로 작성하는 심정이었으리라. 먼 훗날 후손들의 역사가 어떻게 될까 짐작도 못하고… .

다시 왕경을 바꿨다. 일본 나라분지의 남단인 아스카, 곧 "편안히 잠잘 수 있는 곳"에서 헤이죠교平城京로 다시 천도했다.[105] 710년의 일이다. 헤이죠교는 규모면에서는 크나, 구조면에서는 후지와라교와 동일했다. 이 헤이죠교가 세워질 때는 도시 이름을 아예 '나라'라 명명했다. 이제 여기서

---

105) "일본에서는 헤이죠교가 당나라의 장안을 본따서 지었다고 끈질기게 주장하고 있으나 그 근거는 없다."(최재석, 『일본 고대사의 진실』, 일지사, 1998, 65-68, 144-146쪽)

헤이안 신궁의 대극전 | 수도를 교토로 옮기고 본격적인 일본 만들기를 알리는 신궁이다.

그들은 독립된 자신들의 나라를 세워 나갔다.

해가 지나면서 '뿌리를 단절' 시키는 왜곡이 더욱 심해졌다. 더욱 절박했던 것일까? 환무桓武천황(50대. 781-806)은 한반도의 흔적을 끊어내기 위한 특단의 조치를 취했다. 수도를 지금의 교토京都인 헤이안교平安京로 옮겼다(794).

이와 함께 '삼한동족론' 분서사건을 일으켰다. '삼한동족론'과 관련된 사서들을 모두 불태운 것이다. 일본판 분서갱유였다. 이 분서사건은 역사적으로 매우 중요하다. 여기에 담겨진 의미가 뭘까? 그것은 옛 기록의 흔적을 지우는 본격적인 '일본 만들기' 였다. 일본고대 왕조사인 『신황정통기神皇正統記』(1343)에는 이 때 상황을 이렇게 적고있다.

"옛날에 일본은 '삼한(진한, 마한, 변한)과 똑같은 종족이니라'고 하는 기록이 있었으며, 그 책을 환무천황의 때(781-806)에 불질러 버렸느니라."

『홍인사기弘仁私記』에도 비슷한 내용이 담겨있다. 왕실족보인 "제왕계도帝王系圖에 천손의 후예인 제왕의 이름이 적혀 있고 혹은 신라와 고구려에서 와서 국왕이 되고 민간인도 제왕이 되었다고 함에 따라 환무는 제국에 명하여 이들을 소각했다."

그러나 진실을 왜곡하는 일이 그렇게 쉬울 리 없다. 영국 역사가 버터필드H. Butterfield의 지적이었던가.

"역사적 사건에는 아무도 의도하지 않은 방향으로 역사를 뒤틀어놓는 성격이 있다."

분서사건 후 10년 만에 출판된 책이 『신찬성씨록新撰姓氏錄』(815)이었다. 역사의 아이러니였다. 숨기고자 했던 사실이 이 책으로 인해 오히려 드러나 버렸으니. 분서갱유를 통해 숨기고자 했던 사실, 최고의 극비였던 천황가의 비밀이 폭로되어 버린 것이다. 일본 황실과 지배집단이 한반도로부터의 도래인과 관련되었다는 사실이다.

『신찬성씨록』은 '황별' 皇別, '신별' 神別, '제번' 諸蕃의 세 부분으로 구성되었다. '황별' 은 천황의 자손이고, '신별' 이

고천원의 신(天神)과 위원중국葦原中國, 곧 일본열도의 신(地祇)의 자손이다. 그리고 '제번'은 중국과 한국(三韓)의 자손이다.

『신찬성씨록』의 기록 | 민달 천황이 백제왕과 관련있다고 적힌 부분이다.

'황별'에 기록된 하나의 예를 보자.

"대원진인大原眞人은 민달천황의 손孫 백제왕으로부터 나왔다."([左京皇別] 大原眞人…敏達孫百濟王也)

"지상량인池上椋人은 민달천황의 손孫 백제왕의 후손이다."[未定雜姓 左京]

앞서 보았지만, 민달천황(30대)이라 하면 첫 해에 백제대정궁을 지은 천황이었다.[106]

'신별'은 어떤가. "만방萬方의 서민庶民은 고귀한 지엽枝葉에 이어지고 삼한三韓의 씨족은 일본의 신의 자손이라 칭하

---

106) "元年夏四月…是月, 宮于百濟大井。"(『日本書紀』)

였는데, 세월이 흐르고 사람이 바뀌어져 이것을 알고 말하는 사람이 드물게 되었다"[107]고 했다. 신별이 삼한의 씨족과 연결되었음도 알려주었다. 마지막 '제번'은 중국과 한국의 자손이다. 하지만, 여기서 말하는 중국의 씨氏라 함은 왜곡된 것이다. 그 단적인 사례가 '아야' 漢씨와 '하타' 秦씨에 대한 기록이다. '아야' 의 '한' 漢은 대부분 '한' 韓을 말한다. 같은 음으로 그 뿌리를 왜곡하였다.

'하타 씨' 秦氏에 대한 기록은 어떤가.

> "우즈마사노기미노숙녜太秦公宿禰는 … 진시황제의 3세손 … 융통왕融通王(弓月君)은 응신 14현에 27현의 백성을 거느리고 귀화 … 인덕시대에 127현의 하타노우치秦氏를 … 누에를 기르고 명주(絹)를 짜서 바치고(貢上) … 천황이 착용하니 부드럽고 따뜻하여 신체의 피부(肌膚. 하타)같다고 하였다. 그래서 성姓을 하타波多로 하사하였다."[108]

이것 역시 왜곡된 설명이다. 그 이유는 앞 부분에서 설명했다. 말할 필요도 없이, 하타 씨는 신라계 도래인의 후손들

---

107) 『신찬성씨록』 序, 145쪽.

108) 『신찬성씨록』 左京諸蕃上, 279쪽. 『신찬성씨록』의 비판에 대해서는 최재석, 『일본 고대사 연구 비판』, 320쪽 이하를 보라.

이다. 그들은 한반도에서 비단 직조 기술을 갖고 왔고, 지금의 교토지역이 그들의 터전이었다. 쿄토의 우즈마사太秦 지역에 있는 광륭사廣隆寺가 바로 하타씨족의 사찰이었

나 자신 칸무천황의 어머니가 백제 무령왕의 자손이라고

아키히토 천황 | 일본 천황가가 백제와 혈연적으로 관련있음을 고백하고 있다.

다. 지금도 이 사찰에는 하타 씨 부부가 모셔져 있다. 바로 그들이 교토시 토지의 2/3을 환무에게 내어 줌으로써 헤이안 궁으로의 천도가 이루어진 것이다.[109]

이렇듯 『신찬성씨록』 곳곳에는 도래인의 흔적들이 스며들어 있다. 현재 일본의 아키히토 천황(125대)이, 비록 충분한 것은 아니지만, 참으로 오랜만에 고백을 했다. 2001년 12월의 일이다. 천황은 "나 자신 환무천황의 어머니가 백제 무령왕의 자손"이라 고백하였다.[110]

---

109) 교토京都에 대해서는 하타우지秦氏를 이해해야 한다. 후에 토요토미 히데요시는 직조인을 니시진西陣으로 이주시켰다(존 카터 코벨).

110) 계체繼體천황과 동시대였던 무령왕의 아들 순타태자의 후손이 화을계(기록 담당)이다. 화을계의 딸이 49대 광인光仁 천황의 딸 고야신립이다.

신화와 기록은 '기억'을 함축한다. 기억 속에는 어떤 내용이든 간에 잊어버릴 수 없는 기억의 편린들이 담겨 있다. 역사 만들기의 주인공은 기대, 곧 '그렇게 되기를 바라는 서술자의 심정'이 들어있다. 일본역사에 보이는 기억의 편린들을 모아 모자이크해 보자. 그러면 '한반도'라는 메시지, '한민족'의 기대가 줌업되며 나타날 것이다. 일본 고대사가 한민족사라는 기억이 말이다. 그 때 다음의 주장들도 함께 모자이크해 보자. 그러면 그 사실이 더욱 뚜렷해질 듯 싶다.

> **"왜나라 당시의 천황들은 조상신 제사 때에 한국어로 된 축문을 외우면서, 왕궁 신전에 모신 한국신을 받드는 '니나메사이新嘗祭'라는 궁중 제사를 지냈던 것이다."**[111]
>
> **웅략雄略 천황은 백제 건국의 신(온조신)을 제사지냈다.**[112]

---

111) 홍윤기, "일본천황가 연구 1", 『월간조선』 1998.1.

112) 가나자와 쇼사부로우金澤庄三郎, 『日鮮同祖論』, 汎東洋社, 1943. 홍윤기, 『일본문화사』, 서문당, 1999, 37쪽.

에필로그

신교문화의 흔적이 남아있는 일본.

한민족이 이주해 만든 일본.

역사를 왜곡하며 홀로서기를 이룬 일본.

일본과 한국간의 질기디 질긴 역사전쟁. 그리고 끊임없는 한민족 역사에 대한 왜곡과 망언들.

기회 있을 때마다 야욕을 드러내었던 일본이다. 심지어 임진란을 일으켜 한민족을 침략했고 응징도 당했지만, 꿈을 접지 않는 일본이었다. 20세기 초에는 한국을 강점하여 40여년 동안 온갖 만행을 저지르기도 했다. 앞으로 얼마나 길고 긴 악연의 길을 걸을 것인가. 이 전쟁이 아직도 끝나지 않았지만, '상생의 새 역사' 그리고 '정의롭게 보는[義] 역사'라는 대경대법한 틀에서 정리해야 하겠다.

일본의 고대사는 한민족 역사의 연장이다. 그 흔적은 곳곳에서 찾아볼 수 있다. 일본역사가 한민족의 고유신앙인 삼신 숭배에서 시작되고, 일본의 신궁과 신사에서 한민족 천제의 흔적이 발견된다. 일본문화에 남아있는 신교의 흔적들이다.

일본이 천손강림 신화에는 가라쿠니, 곧 한국을 그리워하는 모습이 적나라하게 투영되어 있으며, 이즈모국의 기록에는 신라국 소시모리가 어머니의 나라임이 뚜렷하게 각인되어 있다. 일본역사의 시작부터 한민족은 일본열도를 뒤덮고 있었고, 일본에 문화를 전해준 스승이 한민족이었다.

이러한 모습은 일본열도의 최초의 국가인 야마토국의 건설 및 발전과정에서 더욱 분명하게 나타난다. 백제로부터의 도래인, 문화(불교)혁명, 그리고 문화 선진국(백제)이 멸망할 때 보여준 야마토국의 태도는 '과연 일본인이 누구인가'라는 물음을 던지게끔 하고 있다. 백제와 야마토 왜는 같은 나라가 아니면 할 수 없는 일들을 보여주었다. 이 모두는 일본 고대사가 한민족의 역사나 다름없음을 알려주는 것이다. '일본 고대사가 한민족의 이주사'임을 다시 한번 알려주는 내용들이다.

그런 조선과 일본 사이에도 예도禮道가 있어야 한다. 물론 8세기 들어 일본은 홀로서기를 도모하였다. 그것은 곧 뿌리 역사에 대한 왜곡으로 시작되었다. 율령을 바꾸고, 도읍을 옮기고, 새로운 역사(『일본서기』)를 서술해 나갔다. 그러나 홀로서기를 성취했다는 자만이었을까? 고대부터 시작된 일본의 역사왜곡 작태로 한민족과 일본의 역사는 뒤틀리고 있었다. 그동안 일본이 감추어두었던 원과 한이 너무 커서 틈새를 비집고 나온 것일까? 그것도 아니라면, 아직도 어딘가 모르게 허전한 문화적 빈곤을 채우려 했던 것일까? 일본은 이후에도 끊임없이 한민족에게 정신적 상처를 입혀왔다.

> **"선천에는 도수가 그르게 되어서 제자로서 스승을 해하는 자가 있었으나 이 뒤로는 그런 불의를 감행하는 자는 배사율背師律을 받으리라."**(『도전』 2:27:6-7)

그로부터 800여 년이 흐른 뒤에는 한민족을 침략하기에 이르렀다. 소위 임진란(1592-1598)이었다. 임진란은 정신적인 상처를 더 심각하게 느껴야 했던 사건이기도 했다. 스승의 나라가 겪은 그 배신감과 모멸감은 이루 말할 수 없었다.

또한 20세기 초, 강대한 힘을 길러 먼저 제국의 대열에 들어선 일본은 조선과 강압적으로 '한일의정서'(1904)를 체

결했다. 그리고 '을사보호조약'(1905)을 맺어 서울에 통감부를 두었다. 몇 년 뒤인 1910년에는 조선을 강점하여 조선총독부를 설치하였다. 뿐만 아니라 1925년에는 서울 남산에 일본 국가신도의 표상인 조선신궁을 세웠다. 그 제신祭神으로 천조대신과 명치천황이 결정되었다. 이제 일본은 정신적으로도 조선을 강점하려 했던 것이다. 무력에 의한 강점과 정신적인 강점이라는 양면적 침략을 동시에 도모하였다. 종교는 정신적 침략의 중요한 수단이었다. 특히 일본은 명치유신(1868) 이후 국내 뿐만 아니라 조선 등 주변국을 침략하는 과정에서 종교적으로는 국가신도를 중심으로 진행했다.

이런 사실에 비추어 본다면, 조선신궁에 천조대신과 명치천황을 봉제토록 한 것은 조선(도성)의 강점에 매우 중요한 의미를 가진다. 다름 아니라 천조대신은 일본민족의 시조신이며 신앙의 정점에 있는 존재이고, 명치천황은 명치유신을 단행하여 서양문화 수용과 문명개화에 큰 업적을 남긴 왕이기 때문이다.

더욱이 강점기간이 조금만 길어졌더라면, 부여신궁도 들어섰을 것이다. 부여는 백제의 도성이었다. 일본 고대사가 한민족사라 함은 대부분 백제와의 인연이다. 그 도성을 잊지 못한 일본이 부여신궁을 계획하여 조영에 들어갔었다. 그러나 이 꿈은 끝내 이루어지지 않았다. 1945년 일본의 패망으로 모두 일본으로 돌아갔기 때문이다.

얼마나 집요한 일본의 역사왜곡과 침탈이었을까. 아니 역으로 얼마나 한스러운 한민족의 역사였을까. 1860년, 동학을 창도한 수운 최제우(1824-1864)는 이러한 '왜의 행위'에 치를 떨며 분개하였다.

> "가련可憐하다 가련하다 아국운수我國運數 가련하다
> 진세임진前世壬辰 몇해런고 이백사십 아닐런가
> …
> 기험崎險하다 기험하다 아국운수 기험하다
> 개 같은 왜적倭敵놈아 너희신명神明 돌아보라
> 너희 역시 하륙下陸해서 무슨 은덕恩德 있었던고
> …
> 개 같은 왜적놈이 전세임진 왔다가서
> 술 싼일 못했다고 쇠 술로 안 먹는 줄[113]

---

113) '술'은 숟가락, '싼'은 쓴(用)의 뜻이다. 임진란 때 조선을 침략하여 못된 짓을 많이 한 까닭에 숟가락 쓰는 문화를 하느님으로부터 받지 못했다는 뜻이다. 일본인들이 나무 젓가락 만으로 식생활하는 미개한 민족이라고 깎아내리는 의미이다.

세상사람 누가 알까 그 역시 원수怨讐로다

…

개 같은 왜적놈을 한울님께 조화造化받아

일야一夜간에 소멸하여 전지무궁傳之無窮 하여놓고

대보단에 맹서하고 한汗의 원수 갚아보세."(『용담유사』「안 심가」)

'개 같은 왜적놈'이라는 절규가 몇 번이나 되풀이된다. 가슴을 찢는 듯한 쓰라림과 피를 끓게 하는 울분. 최수운은 무력이 아닌 상제님의 조화로써 하룻밤 만에 쓸어버리겠다 는 비장함을 나타냈다.

한민족의 역사를 바로 세우려 동분서주했던 역사가인 단 재 신채호(1880-1936)의 절규도 처절했다.

"왜는 우리나라만의 오랜 원수가 아니라 또한 동양의 구적仇 敵이다. … 임진년에 대대적으로 침략해 와 인민을 도륙하여 그 피로 전국의 산하를 물들게 하고, 능묘를 파헤쳐 그 화가 백년 묵은 해골에까지 미치게 하여, 후대의 독사자讀史者들 로 하여금 뼈가 부닥치고 피가 끓게 만든 놈들이 바로 왜가 아닌가?"[114]

---

114) 신채호, 『天鼓』 창간사 ; 최광식, 『단재 신채호의 '천고'』, 아연출판 부, 2004, 49쪽.

일본에 대한 우리민족의 사무친 원한이다. 글로 다 표현할 수 없었던 이들의 피맺힌 절규와 분노!

마지막으로 덧붙이고 싶은 이야기가 있다. 봄과 여름을 나면서 나무가 아무리 잎이 무성하다 할지라도, 가을이 되면 씨앗을 남기고 나무의 모든 진액은 뿌리로 돌아간다. 문명활동도 그러하다. 왕성한 분열활동을 하던 문명도 가을철이 되면 성장 · 분열을 멈추고 문명의 정수는 뿌리문화로 돌아간다. 이것이 자연의 이치이고 문명의 이치이다. 서두에서 살펴본 원시반본, 곧 '시원을 찾아서 뿌리로 돌아가라'는 뜻이다. 이것은 가을 개벽기에 뭇 생명에게 주어진 제 1의 과제이며, 인간역사의 궁극목적이기도 하다. '생명의 근원자리로 돌아가라'는 원시반본에는 '가을철에는 뿌리(근원)으로 돌아가지 않으면 너의 존재는 소멸될 수밖에 없다'는 구원의 절대명제가 담겨있기 때문이다.

그렇다면 일본 역사가 돌아가야 할 '근본'이자 '뿌리'는 무엇인가? 일본민족에 생명을 낳아준 부모와 조상선령은 누구인가?

"사람들이 사람들이 천지만 섬기면 살 줄 알지마는 먼저 저희 선령에게 잘 빌어야 하고, 또 그 선령이 나에게 빌어야 비로소 살게 되느니라.(『도전』7:19:3)

때문에 문화의 뿌리를 확인하는 작업이 중요하다. 문화의 뿌리를 알게 되면, 온갖 분열양상을 보이는 그 문화가 돌아갈 곳이 어디인가를 알 수 있다. 우리는 일본문화의 뿌리가 한민족에 있음을 확인하였다. 문명의 가을철이 되면, 모든 왜곡된 문화가 바로잡히고, 그 진액은 뿌리문화로 돌아갈 수밖에 없다.

증산상제는 원시반본하는 가을철의 추수섭리에 따라 환부역조하는 자와 환골하는 자, 즉 자기 조상을 저버리는 자는 죽음을 면치 못한다고 경계하였다.

> "이 때는 원시반본原始返本하는 시대라. 혈통줄이 바로잡히는 때니 환부역조換父易祖하는 자와 환골換骨하는 자는 다 죽으리라."(『도전』 2:26:1-2)

참고 자료

일본사 시대구분

西曆	시대	문화	사건들	한국사
약1만년전	구석기시대	구석기문화		
기원전 4세기	죠몬繩文시대	繩文문화	稻作農耕	고조선건국
기원전 3세기			水田農耕	
기원전 2세기				고조선멸망
기원전 1세기	야요이 彌生시대	彌生문화		
1세기			倭奴國, 金印授受	삼국 건국
2세기				
3세기			前方後圓墳 출현	
4세기	고분시대	고분문화		불교전래
5세기			倭五王, 南朝에 遣使	장수왕 백제 공격
6세기				
7세기	아스카 飛鳥시대 (6세기말-710)	飛鳥文化	645 大化改新	
		白鳳문화	672 壬申의 난	660 백제멸망
			701 大寶律令	
8세기	나라奈良시대 (710-794)	天平문화	710 平城京 천도	
	헤이안 平安시대 (794-1192)	弘仁·貞觀 문화	794 平安京 천도	
9세기				918 고려건국
10세기		國風문화		
11세기			源平合戰	

西曆	시대		문화	사건들	한국사
11세기	헤이안시대(794-1192)				
12세기	가마쿠라 鎌倉시대 (1192-1333)		鎌倉문화		1170 무신정변
13세기				元寇	
14세기	建武中興(1333-1335)				
	무로마찌 室町시대 (1336-1573)	남북조 시대(1336-1392)	北山문화		1392 조선건국
15세기		戰國時代 (1467-1568)	東山문화	1429 琉球 통일	
				1467 應仁의 난	
16세기	모모야마桃山시대 (1573-1603)		桃山문화	1590 천하통일	1592 임진왜란
17세기	에도江戶시대 (1603-1868)		元祿문화	1615 元和偃武	
18세기			化政문화		
19세기				1858 開國	
	메이지 明治시대 (1868-1912)			明治維新 사실상의 동경천도	청일전쟁 러일전쟁
				1910 한국강점	
20세기	다이쇼大正시대 (1912-1926)				
	쇼와昭和시대 (1926-1989)			2차 세계대전	
21세기	헤이세이平成 시대(1989-)				

일본 신화 계보와 주요 특징

※『日本書紀』=紀.『古事記』=記.

【천지개벽】

高天原다가마노하라

〈조화삼신〉

일본 고유의 신.
만물의 생성·생장 관장하는 신

(아메노미나카누시노가미)

天御中主尊
(천지, 천상계
主宰神)
cf.妙見信仰

(다카노무스비노가미)

高皇産靈尊
(伊勢神宮.
나중 天照大神으
로 바뀜)

(칸무스비노가미)

神皇産靈尊
(出雲계통)

"開闢之初"(紀)
"乾坤初分 三神
造化之首" "別
神"(記)

國常立尊(구니노도고다치노미고토)

"至貴日尊。自餘日命。
並訓美舉等也"(紀)

〈지상삼신〉

國狹槌尊(구니노사츠치노미고토)

"神世七代"(紀記)

【신의 탄생】

豊斟渟尊(도요구미누노미고토)

涅土煮尊·沙土煮尊
(우히지니·스히지니노미고토)

●
●
●

伊耶那岐尊·伊耶那美尊
(이자나기 · 이자나미)

"두 신은 만물의
祖이다."(記)

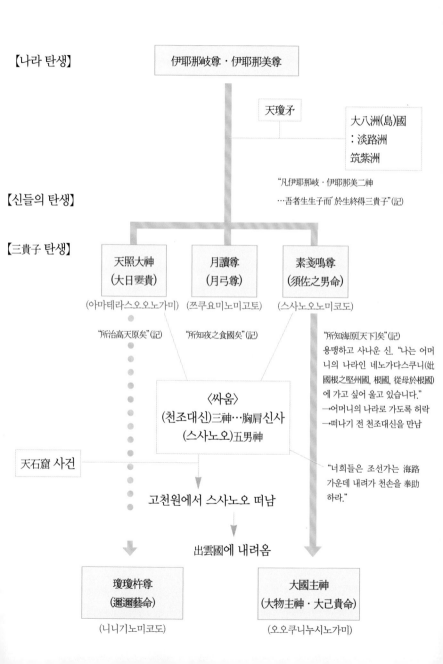

【나라 탄생】

伊耶那岐尊・伊耶那美尊

天瓊矛

大八洲(島)國
：淡路洲
　筑紫洲

"凡伊耶那岐・伊耶那美二神
…吾者生生子而 於生終得三貴子"(記)

【신들의 탄생】

【三貴子 탄생】

天照大神
(大日孁貴)
(아마테라스오오노가미)

月讀尊
(月弓尊)
(쯔쿠요미노미고토)

素戔嗚尊
(須佐之男命)
(스사노오노미코도)

"所治高天原矣"(記)

"所知夜之食國矣"(記)

"所知海原[天下矣]"(記)
용맹하고 사나운 신. "나는 어머
니의 나라인 네노가다스쿠니(妣
國根之堅州國, 根國, 從母於根國)
에 가고 싶어 울고 있습니다."
→어머니의 나라로 가도록 허락
→떠나기 전 천조대신을 만남

〈싸움〉
(천조대신)三神…胸肩신사
(스사노오)五男神

天石窟 사건

"너희들은 조선가는 海路
가운데 내려가 천손을 奉助
하라."

고천원에서 스사노오 떠남

出雲國에 내려옴

瓊瓊杵尊
(邇邇藝命)
(니니기노미코도)

大國主神
(大物主神・大己貴命)
(오오쿠니누시노가미)

素戔鳴尊
(須佐之男命)

고천원에서 추방
출운국에 내려옴 : "스사노오는 아들을 데리고 新羅國에 내려와 曾尸茂梨에
있었다. … 흙으로 배를 만들어 동쪽을 건너 出雲國에 도착했다"(紀)

출운국에 내려와 노인을 만나자 "其老夫答言. 僕名國神…"(記)
동행한 아들 : "아들은 많은 나무의 종자를 가지고 내려와 大八洲國
전체에 심어 나라 전체가 푸르렀다."(紀)

야마다노오로치(八岐大蛇) 퇴치 : "가라사이의 칼(韓鋤之劍)로
목을 베고 배를 갈라 나온… 쿠사나기노쓰루기草薙劍이다."(紀)

大年神
(곡물의 신)

"낳은 자식이… 大國御魂神, 韓神, 曾富理神,
白日神, 聖神〈五柱〉이다."(記)

大國主神
(大物主神, 大己貴命)

나라(葦原中國) 경영
나라를 천신의 자손에게 바침

181 神

"其子凡有一百八十一神"(紀)

三輪山 : "… 나는 日本國의 미모로三諸산에 살고 싶다.
…이가 오오미와大三輪의 神이다."(紀)

나라 이양 : "지금 내가 나라를 바치니 누가 따르지 않는
자가 있을까. 그리고 平國時 창으로 사용한
히로호고広矛를 두 신에게 주었다. 천손이
이 창으로 나라를 다스린다면 반드시 평안할
것이다."(紀)

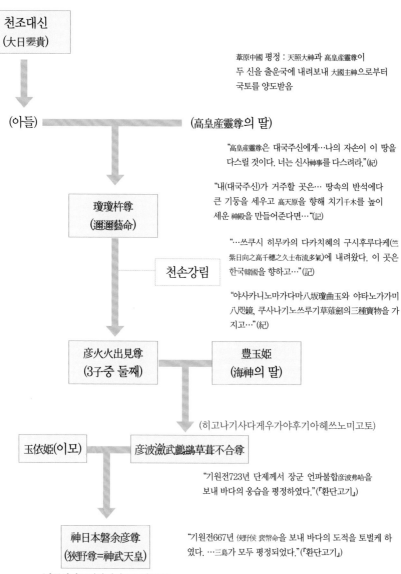

천조대신
(大日孁貴)

(아들)　　　　　　(高皇産靈尊의 딸)

瓊瓊杵尊
(邇邇藝命)

천손강림

彦火火出見尊
(3子중 둘째)

豊玉姬
(海神의 딸)

(히고나기사다게우가야후기아헤쓰노미고토)

玉依姬(이모)　　彦波瀲武鸕鷀草葺不合尊

神日本磐余彦尊
(狹野尊＝神武天皇)

(가무야마토이와레비고노미고토)

葦原中國 평정 : 天照大神과 高皇産靈尊이 두 신을 출운국에 내려보내 大國主神으로부터 국토를 양도받음

"高皇産靈尊은 대국주신에게…나의 자손이 이 땅을 다스릴 것이다. 너는 신사神事를 다스려라."(紀)

"내(대국주신)가 거주할 곳은… 땅속의 반석에다 큰 기둥을 세우고 高天原을 향해 치기千木를 높이 세운 神殿을 만들어준다면…"(記)

"…쓰쿠시 히무카의 다카치혜의 구시후루다케(竺紫日向之高千穗之久土布流多氣)에 내려왔다. 이 곳은 한국韓國을 향하고…"(記)

"야사카니노마가다마八坂瓊曲玉와 야타노가카미八咫鏡, 쿠사나기노쓰루기草薙劒의三種寶物을 가지고…"(紀)

"기원전723년 단제께서 장군 언파불합彦波弗哈을 보내 바다의 웅습을 평정하였다."(『환단고기』)

"기원전667년 俠野侯 裵槃命을 보내 바다의 도적을 토벌케 하였다. …三島가 모두 평정되었다."(『환단고기』)

"기원전2173년 豆只州의 濊邑이 반란을 일으키니 餘守己에게 그 추장 素尸毛犁를 베게 명했다. 이 때부터 그 땅을 소시모리라 하다가 지금은 牛首國이 되었다. 그 후손에 陝野奴가 있는데 …"(『환단고기』)

일본 천황 계보와 주요 특징

1대	진무(神武) (前660~前585)	진무東征説. 야타가라스(八咫鳥)가 길을 인도. 가시와라궁(橿原宮)에서 즉위하고 죽다. 무덤은 우네비야마(畝傍山) 東北陵이다.
2대	스이제이(綏靖) (前581~前549)	
3대	안네이(安寧) (前549~前511)	
4대	이토쿠(懿德) (前510~前477)	
5대	고오쇼오(孝昭) (前475~前393)	일본학계에서 가공의 천황으로 인정
6대	고오안(孝安) (前392~前291)	
7대	고오레이(孝靈) (前290~前215)	
8대	고오겐(孝元) (前214~前158)	
9대	가이카(開化) (前158~前98)	

10대	스진(崇神) (前97~前30)	----	가야계 왜왕조(江上波夫의 '기마민족 정복설') 실재가능성이 강한 최초의 천황. "소위 肇國天 皇"三輪山에 대물주신 모셔 야마토 조정 기틀 쌓고 유행병 치료
11대	스이닌(垂仁) (前29~70)	----	三年. 新羅王子 天日槍이 熊의 히모로기(神籬)등 을 갖고 왔다. 天照大神을 神風의 伊勢國에 모셔 제사시냈다.
12대	게이코오(景行) (71~130)		
13대	세이무(成務) (131~190)		
14대	주우아이(仲哀) (192~200)		

신라 정벌 ---- "新羅…高麗…百濟…是所謂之三韓也"
(참조)광개토대왕릉비

---- 신라를 정벌하고 돌아오는 길에 筑紫
에서 호무다왕자(應神천황) 낳음.

진구황후 섭정 (201~269) 호무다 (譽田)태자 즉위	----	"五十二年…則獻七枝刀一口"(紀) 백제의 근초고왕(346-374)

---- 백제관련 기사. 백제왕의 卽位·薨去
에 관한 내용 많이 수록

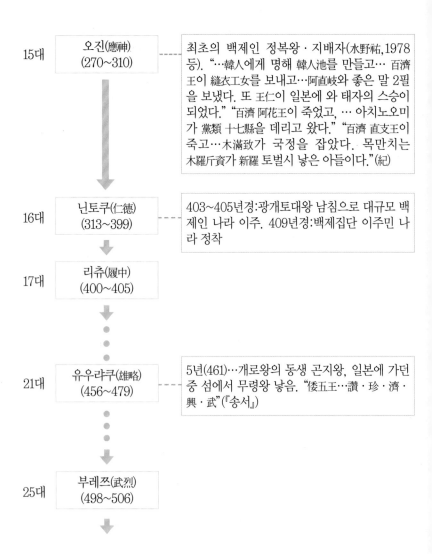

| 15대 | 오진(應神)
(270~310) | 최초의 백제인 정복왕·지배자(水野祐, 1978
등). "…韓人에게 명해 韓人池를 만들고… 百濟
王이 縫衣工女를 보내고…阿直岐와 좋은 말 2필
을 보냈다. 또 王仁이 일본에 와 태자의 스승이
되었다." "百濟 阿花王이 죽었고, … 아치노오미
가 黨類 十七縣을 데리고 왔다." "百濟 直支王이
죽고…木滿致가 국정을 잡았다. 목만치는
木羅斤資가 新羅 토벌시 낳은 아들이다."(紀) |

| 16대 | 닌토쿠(仁德)
(313~399) | 403~405년경:광개토대왕 남침으로 대규모 백
제인 나라 이주. 409년경:백제집단 이주민 나
라 정착 |

| 17대 | 리츄(履中)
(400~405) | |

| 21대 | 유우랴쿠(雄略)
(456~479) | 5년(461)…개로왕의 동생 곤지왕, 일본에 가던
중 섬에서 무령왕 낳음. "倭五王…讚·珍·濟·
興·武"(『송서』) |

| 25대 | 부레쯔(武烈)
(498~506) | |

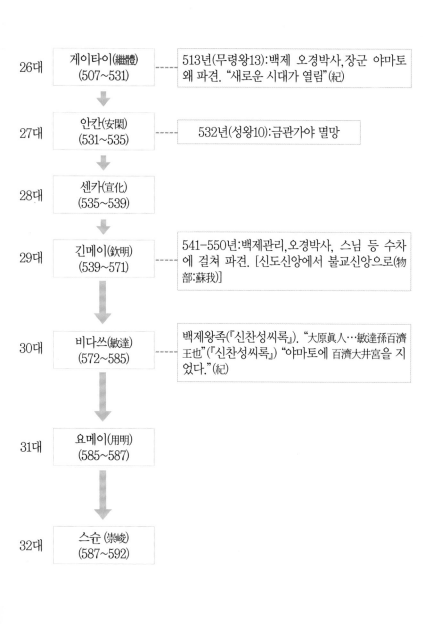

26대 | 게이타이(繼體) (507~531) --- 513년(무령왕13):백제 오경박사,장군 야마토 왜 파견. "새로운 시대가 열림"(紀)

27대 | 안칸(安閑) (531~535) --- 532년(성왕10):금관가야 멸망

28대 | 센카(宣化) (535~539)

29대 | 긴메이(欽明) (539~571) --- 541-550년:백제관리,오경박사, 스님 등 수차에 걸쳐 파견. [신도신앙에서 불교신앙으로(物部:蘇我)]

30대 | 비다쓰(敏達) (572~585) --- 백제왕족(『신찬성씨록』). "大原眞人…敏達孫百濟王也"(『신찬성씨록』) "야마토에 百濟大井宮을 지었다."(紀)

31대 | 요메이(用明) (585~587)

32대 | 스슌 (崇峻) (587~592)

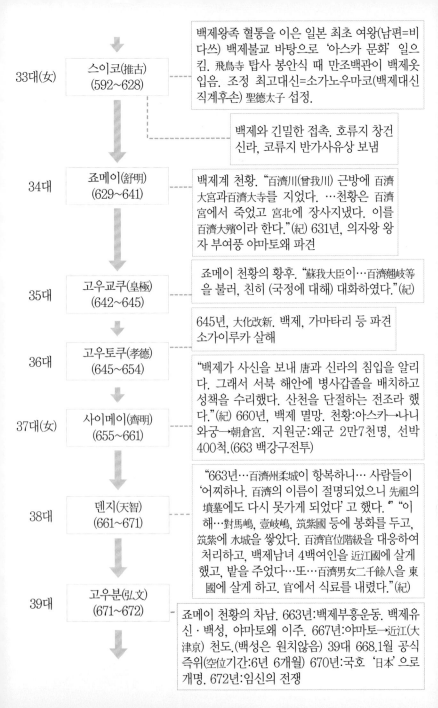

33대(女)	스이코(推古) (592~628)	백제왕족 혈통을 이은 일본 최초 여왕(남편=비다쓰) 백제불교 바탕으로 '아스카 문화' 일으킴. 飛鳥寺 탑사 봉안식 때 만조백관이 백제옷 입음. 조정 최고대신=소가노우마코(백제대신 직계후손) 聖德太子 섭정.

백제와 긴밀한 접촉. 호류지 창건
신라, 코류지 반가사유상 보냄

| 34대 | 죠메이(舒明)
(629~641) | 백제계 천황. "百濟川(曾我川) 근방에 百濟大宮과百濟大寺를 지었다. …천황은 百濟宮에서 죽었고 宮北에 장사지냈다. 이를 百濟大殯이라 한다."(紀) 631년, 의자왕 왕자 부여풍 야마토왜 파견 |

| 35대 | 고우교쿠(皇極)
(642~645) | 죠메이 천황의 황후. "蘇我大臣이…百濟翹岐等을 불러, 친히 (국정에 대해) 대화하였다."(紀) |

645년, 大化改新. 백제, 가마타리 등 파견
소가이루카 살해

| 36대 | 고우토쿠(孝德)
(645~654) | |
| 37대(女) | 사이메이(齊明)
(655~661) | "백제가 사신을 보내 唐과 신라의 침입을 알리다. 그래서 서북 해안에 병사갑졸을 배치하고 성책을 수리했다. 산천을 단절하는 전조라 했다."(紀) 660년, 백제 멸망. 천황:아스카→나니와궁→朝倉宮. 지원군:왜군 2만7천명, 선박 400척.(663 백강구전투) |

| 38대 | 덴지(天智)
(661~671) | "663년…百濟州柔城이 항복하니… 사람들이 '어찌하나. 百濟의 이름이 절멸되었으니 先祖의 墳墓에도 다시 못가게 되었다'고 했다.""이해…對馬嶋, 壹岐嶋, 筑紫國 등에 봉화를 두고, 筑紫에 水城을 쌓았다. 百濟官位階級을 대응하여 처리했고, 백제남녀 4백여인을 近江國에 살게 했고, 밭을 주었다…又…百濟男女二千餘人을 東國에 살게 하고, 官에서 식료를 내렸다."(紀) |

| 39대 | 고우분(弘文)
(671~672) | 죠메이 천황의 차남. 663년:백제부흥운동. 백제유신·백성, 야마토왜 이주. 667년:야마토→近江(大津京) 천도.(백성은 원치않음) 39대 668.1월 공식 즉위(空位기간:6년 6개월) 670년:국호 '日本'으로 개명. 672년:임신의 전쟁 |

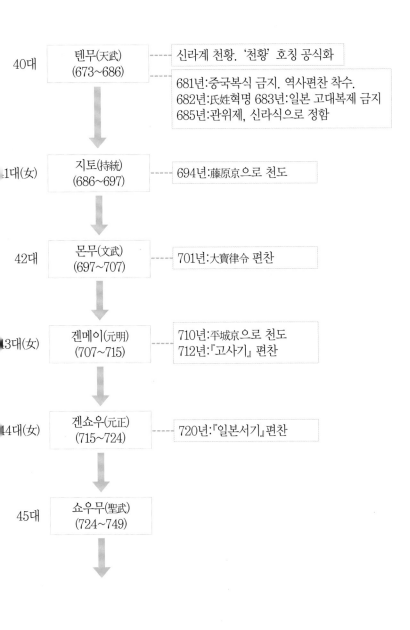

40대 — 텐무(天武) (673~686) ---- 신라계 천황. '천황' 호칭 공식화

681년:중국복식 금지. 역사편찬 착수.
682년:氏姓혁명 683년:일본 고대복제 금지
685년:관위제, 신라식으로 정함

41대(女) — 지토(持統) (686~697) ---- 694년:藤原京으로 천도

42대 — 몬무(文武) (697~707) ---- 701년:大寶律令 편찬

43대(女) — 겐메이(元明) (707~715) ---- 710년:平城京으로 천도
712년:『고사기』편찬

44대(女) — 겐쇼우(元正) (715~724) ---- 720년:『일본서기』편찬

45대 — 쇼우무(聖武) (724~749)

| 46대(女) | 고우겐(孝謙)
(749~758) | - - → | 752년:東大寺 완성. 大佛開眼공양 |

| 47대 | 쥰닌(淳仁)
(758~764) |

| 48대(女) | 쇼토쿠(稱德)
(764~770) |

| 49대 | 고우닌(光仁)
(770~781) | - - → | 백제 성왕의 후손(『대초지』) |

| 50대 | 칸무(桓武)
(781~806) | - - → | 백제인(생부=고우닌) "어머니가 백제인"
2001.12. 천황고백선언) |

| | | - - → | 794년:平安京 천도
* 한일동족론 분서사건 |

| 51대 | 헤이제이(平城)
(806~809) |

• • •

| 80대 | 다카쿠라(高倉)
(1168~1180) | - - → | 헤이안 시대 최고 武將 平淸盛 (1118-81), 백제
인 후손으로 일본 무사시대 개막 |

| 81대 | 안토쿠(安德)
(1180~1185) |

| 82대 | 고토바(後鳥羽)
(1183~1198) | - - → | 1192년:鎌倉막부 개막. 미나모토노
요리토모 (源氏 가문의 무장) |

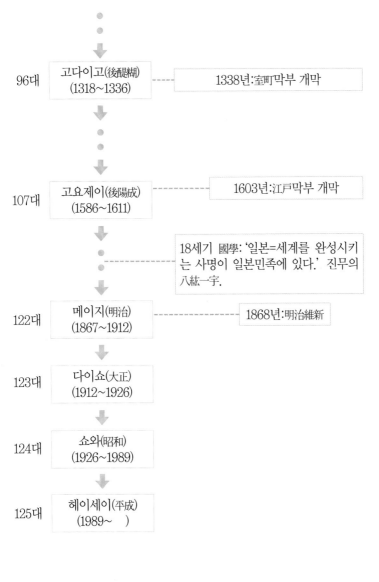

96대 　고다이고(後醍糊)
　　　　(1318~1336) ----- 1338년:室町막부 개막

107대 　고요제이(後陽成)
　　　　(1586~1611) ----- 1603년:江戸막부 개막

　　　　　18세기 國學: '일본=세계를 완성시키
　　　　　는 사명이 일본민족에 있다.' 진무의
　　　　　八紘一宇.

122대 　메이지(明治)
　　　　(1867~1912) ----- 1868년:明治維新

123대 　다이쇼(大正)
　　　　(1912~1926)

124대 　쇼와(昭和)
　　　　(1926~1989)

125대 　헤이세이(平成)
　　　　(1989~　)

일본신화와 삼족오三足烏

일본 축구협회의 로고가 삼족오라는 사실을 듣고 놀라고 분개하는 사람들이 많다. 삼족오라 하면, 고구려의 고분벽화에서 볼 수 있듯 우리민족의 고유한 상징이니 당연한 일이다.

그러면 일본 역사에서 삼족오는 어떤 모습으로 등장하고 있을까?

『일본서기』를 보면, 일본의 초대 천황인 신무천황이 큐슈에서 야마토大和 왜의 땅으로 갈 때 기슈紀州 쿠마노熊野에서 길을 잃었다. 그 때 길 안내를 해준 새가 삼족오였다. 삼족오는 야타가라스八咫烏 혹은 킨시金鵄라고도 한다.

천조대신이 신무천황에게 말하길,

"지금 야타가라스를 보내니, 향도로 삼으시오."

과연 하늘에서 야타가라스가 날아와 길을 인도하니 무사히 야마토 지역으로 들어갈 수 있었다. 때문에 지금도 쿠마

쿠마노 본궁대사 입구 | 곳곳에 삼족오 깃발을 내걸어 쿠마노 지역이 삼족오와 관련이 있음을 알리고 있다.

노 지역에는 삼족오와 관련된 신사나 기념품들을 쉽게 찾아 볼 수 있다.

킨시는 천조대신이 사용한 태양(신)의 사자였다. 당연지사, 킨시는 신무천황의 수호신이며 일본국을 상징하는 하나가 되었다. 국기를 게양할 때 사용되는 깃대 꼭대기의 볼인 금옥金玉도 '킨시'를 상징한다. 천황 즉위의 의儀에서 사용되는 기구에 봉황이 보인다. 이것도 삼족오를 형상화해 놓은 것이 아닐까? 천황 즉위 의례 때 입는 옷에도 삼족오가 보인다.

삼족오는 한국과 중국, 일본의 신화에서 발견된다. 이 세

나라와 시베리아, 몽골, 동남아시아 등지에서는 복수의 태양이 나타나 사람들이 고통을 겪는 이야기들이 있다. 이 때 복수의 태양을 부르는 범인이 바로 '세 발 달린 까마귀'였다. 그래서 하나의 태양만을 남겨두고 나머지는 화살로 쏘아 떨어뜨려 안정시킨다. 소위 사일射日신화이다.

또 한가지, 일본의 신도에서 새와 관련된 이야기들을 찾아볼 수 있다. 신도에서 새(鳥)-鷲, 鴎 등-는 제사祭司의 칭호였다. 야타가라스는 별명이 있는데, 가무다케츠누미노미코도賀茂建角身命이다. 이 신을 시조로 하는 고대 호족이 '가무'賀茂(가모, 鴨) 씨이다. 역시 제사일족祭祀一族이다. 가무賀茂씨는 천황을 뒤에서 떠받드는 일족一族이다. 이처럼 삼족오와 가무 씨족은 밀접히 연결되었다. 가무 씨는 교토를 근거로 한 하타 씨의 일원이다. 그리고 하타 씨는 뒤에서 보겠지만 한반도 도래인들이다. 어떤 추정이 가능하지 않을까? 교토에서 열리는 3대 마츠리의 하나로 매년 5월 15일 열리는 아오이마츠리葵祭가 있다. 이 마쯔리의 정식명칭은 가무제賀茂祭이다. 교토의 가미가모신사, 시모가모신사上下賀茂神社, 그리고 마쯔노오 신사松尾大社가 중심이 된다.

천황 즉위식 때 입는 예복 | 북두칠성과 삼족오의 문양이 보인다.

환웅과 백산白山

1993년 5월, 서울에서 개최된 한국학술회의에서 나카노 하타노中野幡能 교수는 "단군신앙과 일본 고대 종교"라는 주제로 발표하면서, 일본에는 단군이라는 이름이 살아남지 못했으나 백산白山이나 환웅桓雄이란 이름은 살아남아서 전해지고 있다고 했다. 나카노 교수는 평생을 일본 산악신앙 연구에 바쳐 일본문화훈장을 받은 원로 학자이다. 그뿐만 아니라 소에다정청添田町役場에서 펴낸『영언산英彦山을 탐구한다』(1985, 添田役場 編)에 보면, 일본 영언산 신궁神宮에 모셔있는 환웅상이 우리 나라에서 건너갔음을 분명히 밝히고 있다.

본문은 다음과 같다.

"영언산을 비롯한 일본 북규슈의 여러 산에는 백산신白山神이 모셔져 있다. 이것은 한국의 산악신앙의 영향을 받은 것이다. 한국의 산악신앙이란 단군신앙을 말하는 것으로 백두산을 중심으로 널리 분포되어 있다. 신앙의 대상은 환인·환웅·환검(단군)의 삼신三神인데, 그 중에서도 환웅은 인간세상을 교화하기 위하여 태백산에 내려온 신으로서 고대 조선을 개창했다 하여 민중의 신앙이 두터웠다. 이 한국의 환웅신앙이 일본 영언산에 전파되어 후지와라강유藤原桓雄가 되고 일본 환웅신앙이 되었다. 그 때문에 백산신앙이 따라 들어오지 않을 수 없었을 것이다."

이상과 같이 우리 나라 선천개벽의 시조인 환웅천황이 일본에 가서는 산악신앙의 대상이 되고, 옆에 실려있는 사진은 "일본 북큐슈 후쿠오카현 소에다초오(日本 北九州 福岡縣 田川郡 添田町)" 영언산英彦山신궁神宮에 모셔있는 환웅상으로서 어깨쭉지의 박달나무 잎과 어깨에 늘어뜨린 검은머리, 그리고 한복 차림이 석가상과 전혀

후지와라강유의 환웅화 | 큐슈의 영언산 신궁에 모셔진 일본 환웅의 시초이다.

다르고 한국적임을 나타내고 있다. 이를 보면, 환웅천황은 선천시대 개벽의 시조이며, 우리 민족의 국가를 최초를 건국하고 수호한 우리 민족의 국조國祖임에 틀림없는 것이다. (안창범, 『천지인 사상과 한국 본원사상의 탄생』, 삼진출판사, 2006)

신들의 고향, 이즈모出雲

이즈모국이 신라와 연결되었음은 본문에서 이미 밝혔다. 이즈모 지역은 일본 신들의 고향이고, 일본 신화가 출발하는 지점이다. 그런데 이즈모대사出雲大社는 특이한 점이 두 가지 있다. 하나는 음력 10월이 되면 일본 전역의 신들이 이즈모로 모여든다는 사실이다. 서정범(『한국에서 건너간 일본의 신과 언어』, 한나라, 1994) 교수는 이를 좀 더 면밀히 검토하여, 일본의 신들이 이즈모로 모여들기 보다는 그 본래 고향인 한반도로 향하고 있다고 하였다.

한민족은 10월을 가장 귀하게 여겨, 열두 달 가운데 첫째가는 상上달이라고 하였다. 환웅이 처음으로 하늘을 열고 신단수 아래에 내려와 신시를 열고, 홍익인간과 제세이화의 대업을 시작하던 날이 10월이었다. 우리민족은 10월에 한 해 농사를 추수하고 햇곡식으로 젯상을 차려 감사하고 경건한 마음으로 제천행사를 지냈다. 한 해 동안 지은 농사가 10

神在祭
しあわせの神縁を結ぶ大会議

| 神在月 | 神迎神事・神迎祭 | 神在祭 | 龍蛇神講大祭 | 神等去出祭 | 神在祭・夜神楽祈禱 | 駐場 | 出雲大社HPへ戻る |

【神在月】 出雲大社の"神々のお集い" ㈰ 本平成20年㈬11月7日夕刻～11月14日夕刻

一般に陰暦10月を「神無月」と申しますが これは全國の八百万?の神々が 1年に1度 目には見えない「神事（かみごと）」を司られる「大國主神」さまがお祀りになります 出雲大社にお集いになられ 人の"しあわせ"の神縁を結ぶ神議「神議（かみはかり）」がなされる数等に由?します それゆえ 古くより出雲地方では陰暦10月は神さまがお集いになられる月ですので「神在月（かみありづき）」と申しております

▲戻る

【神迎神事・神迎祭】 平成20年11月7日・午後7時

全國の神々が出雲大社にお集いになられる"出雲神在"。出雲大社の西方約1キロの稲佐の浜では全國の神々をお迎えする古式豊かな「神迎（かみむかえ）神事」が執り行われます この神能の神事の"残"と謂語された神は御假神「龍蛇（りゅうじゃ）神」さまを先導として出雲大社まで神神事をなされます そして 神在期にて亥祭の神事歌がお仕えされます この神神事の名「神の方には「神迎御膳」をお捧げいたします どうぞ 神々をお迎えされお供をお仕えされて "出雲神在"の尊しき神神等をお参り下さい

▲戻る

이즈모 대사의 홈페이지 | 일본의 모든 신들이 음력 10월이 되면 이곳으로 모여든다고 하고 있다. 때문에 일본 전역은 음력 10월이 '신이 없는 달'(간나쯔끼神無月)이 된다.

월에 와서 끝이 나고 새 곡식·새 과일 등 먹을 것이 풍성하여지면, 이렇게 배를 불려 주시고 마음을 흐뭇하게 하여 주시는 하느님이 고맙고, 일월산천의 신령이 고맙고, 또 이러한 나라와 우리 집안을 만들어 주신 조상님네가 고마워 그대로 있지 않은 것이다. 그래서 정성스럽고 깨끗하게 떡도

하고 술도 빚어서 하느님·신령님·조상님께 감사하는 제사를 바쳤다.

이렇게 10월은 사람과 신명들이 하나 되어 즐기게 되는 달이었다. 그뿐만이 아니다. 10은 신과 인간과 만물의 마음을 하나로 통일하는 수로서, 이상과 현실이 조화된 신천신지新天新地의 가을 개벽세계를 상징한다. 하느님의 조화의 수가 10이다. 이러한 10월 상달에 신라와 연결된 이즈모에 몰려든 신들, 아니 일본열도를 떠난 신들이 한민족의 천제에 참여한 것은 아닐까?

이즈모 대사의 전경

또 하나는 이즈모대사의 신체神體의 방향이다. 이즈모대사의 본전本殿과 배전拜殿 건물은 남南을 향하고 있다. 이것은 가장 일반적인 방향이다. 그리고 보통 신사의 본전本殿 안에 있는 신체神體도 남쪽을 향한다. 그러나 이즈모대사의 神體인 오오쿠니누시노가미상大國主神像은 서쪽을 향해 있다. 왜 그랬을까? 지도를 펴고 이즈모대사의 서쪽을 짚어보라. 이즈모대사의 서쪽에는 '국토이양'의 무대인 해안이 있고, 바다를 건너면 신라가 있다. 신들의 고향, 신라를 향하고 있는 것이다.

고분시대와 일본국가 기원문제

일본 고대국가의 성립시기에 관해서는 여러 설이 존재한다. 일본인 학자들 사이에서도 이설異說이 많다. 『한서』'지리지'에 "樂浪海中有倭人, 分爲百餘國"이라 했다. 소위 일본열도에 백여개의 나라가 나뉘어 있었음을 말해준다. 아직 통일된 고대국가 성립이 이루어지지 않은 상태였다.

『당서唐書』에는 백제의 영역이 왜까지 이르렀음도 기록되었다. 『구당서舊唐書』에 "백제는 부여의 별종別種으로서, 동북쪽은 신라이고, 서쪽은 바다를 건너 월주越州에 이르고, 남쪽은 바다를 건너 왜倭에 이르며, 북쪽은 고구려[高麗]였다."(舊唐書云, '百濟 扶餘之別種, 東北新羅, 西渡海至越州, 南渡海至倭, 北高麗')고 했다. 『신당서新唐書』에도 비슷한 내용이 있다. "백제의 서쪽 경계는 월주이고, 남쪽은 왜인데, 모두 바다를 건너 있으며, 북쪽은 고구려[高麗]였다."(新唐書云, '百濟西界越州, 南倭, 皆踰海, 北高麗')(『삼국사기』권제37). 문정창(『일본상고사』, 381쪽)은 '南渡海至倭'를 나라지방의 영토라 보았다.

그렇다면 일본열도에 고대국가가 형성된 시점은 언제일까? 이와 관련된 또 하나의 문제가 소위 고분시대이다. 《참고자료 1》 '일본사 시대구분 표'에서 보듯이, 야요이 시대와 아스카 시대 사이에 고분시대가 있다. 그 연대도 확실치 않아, 대략 3세기후반·4세기초–7세기전반·8세기초로 잡는다. 그 중에서도 4세기는 고분문화의 절정기이다. 이 때 일본열도에 크고 둥근 봉분(전방후원분)이 출현했다. 약 15만개 정도로 추산된다. 일본에선 이러한 거대고분의 존재가 곧 야마토 정권과 통일국가 형성으로 연결된다고 주장했다. 그러나 증거는 없다. 사실, 현재 일본정부가 왜왕의 묘(천황릉)라 지정한 것들도 애매한 상태이다. 학문적 증거를 바탕으로 지정된 것이 하나도 없기 때문이다. 메이지 정부(소노조이尊王攘夷 운동)에 의해 차례 차례 왜왕의 묘가 지정되었을 뿐이다. 그러다 보니 숭신왕의 묘, 경행景行왕의 묘 지정이 서로 뒤바뀐 사례도 있다. '능묘 참고지'(일본정부 지정)라는 것도 있다. 특정 왕의 묘에 대한 제2, 제3의 후보지를 말한다.

그런 상황이고 보니, 일본학자들도 "일본의 4세기는 수수께끼의 세기", "불가사의한 신비의 4세기", "공백空白의 4세기"라 말한다. 이 무렵 중국 사서에는 일본열도에 사마타이

오사카의 다이센大仙릉 고분 | 인덕천황릉이라 불려지고 있으며 일본 최대의 전방후원분
前方後圓墳이다.

국邪馬台國이 존재하였다는 기록도 있다. 이 사마타이국邪馬台國이 중앙집권적인 야마토 조정으로 이어지고 있다. 이러한 점 등으로 일본의 4세기와 고대국가 기원 문제가 나타난다. 일본 역사는 4세기 경이 전환점인 것이다. 그 전까지는 농경적이고 해양 민족적 색채가 강한 왜국倭國이었다. 그런 야요이弥生문화가 대륙전래의 성격이 강한 고분문화로 개화된 것이다. 그러나 아무리 말해도 명료하지 않은 것만은 사실이다. 그만큼 고분시대의 뒤를 이은 야마토 조정의 출현 경위 역시 애매한 상황이다.

일본 고대(야마토)국가의 기원에 대해서 다양한 주장들이 있다. 1,2세기(쓰다소우키치), 백제 대규모 집단이주한 5세기 초의 응신천황 때(최재석, 井上光貞), 7, 8세기(石母田) 등이다. 또 일본 국가통일의 시기에 대해서도 일치된 견해가 없다. 쓰다소우키치津田左右吉 (1873-1961)는 4세기로 보았다.

참고로 쓰다는 와세다대 교수로 문헌사학자였다. 『고사기 및 일본서기의 신新연구』(1924)와 『상대사上代史연구』(1930) 등이 있는데, 신공황후의 신라침공설이 거짓역사라 폭로했고, 『일본서기』가 천황의 정당성을 만들기 위해서 조작한 역사기록임을 학문적으로 규명하기도 했다. 그런 행위로 금고 3개월 형에 처해졌고 저서들이 판매금지 당한 적도 있다. 또한 간지(60년간)를 두바퀴 올려 조작한 것도 폭로하고, 『고사기』와 『일본서기』 내용을 비교하여 '제기帝紀'(황실계도)와 '구사舊辭'(옛날 이야기)를 구분해야 하며, 그 편찬 의도까지 파악하여 조작, 날조한 사실을 알리기도 했다.

최재석은 일본 고대국가 기원에 대해, 『신찬성씨록』이 편찬된 9세기 초에도 강역이 야마토와 그 주변정도라는 사실에 주목해야 하며, 일본 고대국가 기원은 8세기 이후라고 주장하였다. 김석형金錫亨, 김현구는 6세기로 보았다. 6세기 전반기의 계체繼體천황 때부터 한반도와 매우 긴밀한 관계가 나타난다. 이 때 백제는 무령왕 재위기간이었다. 무령왕은 백제의 오경박사와 장군들을 야마토 왜에 파견했다. 『일본서기』를 보면, 이 때 "중흥지공中興之功"(『日本書紀』)을 세웠다 했다. 김현구는 이 때 현 천황가가 시작된 것으로 이해하였다(김현구, "6세기의 한일관계," 『한일역사공동연구보고서』, 한일역사공동연구위원회, 2005).

야마토 조정이 응신·인덕천황 시대에 수립되었다면, 또 한 가지 놓칠 수 없는 사실이 있다. 이 때 고대 일본 도래인의 쌍벽을 이루는 하타秦씨와 아야倭漢(야마토노아야)씨가 도래한 사실이다(〈자료 8〉참조). 4세기말–5세기초는 도래인의 시대였다. 따라서 기마민족 도래설, 야마토조정 건설자 외

래설 등 많은 추측이 난무한다. 전방후원분, 소위 '남선경영론', 임나일본부도 이 이야기와 맞물려 진행되고 만들어졌다. 그런데 가만히 생각해 보면 황당하기 그지 없다. '민족'이 없다. 민족이 안 보이는데 국가라니, 해도 너무 했다. 더욱이 유령국가가 주변국(한반도)을 정복하고 지배하였다고 한다면, 아무리 소설이라 하여도 정도가 지나치다고 아니할 수 없다.

참고로 기마민족 국가설을 보자. 이 설은 고분시대의 지배자들이 한반도에서 건너온 고대 한국인들로 본다. 따라서 이 고분들이 한국인 지배자의 무덤들이라 했다. 큐슈의 북쪽에서 야요이 문화를 열고, 동쪽으로 진출하여 야마토 국가를 이루었다는 입장이다. 이 때 한국인 지배자들이란 응신과 인덕천황 부자를 말한다. 이들 정복왕은 백제인으로(이노우에 미쓰사다井上光貞, 『日本國家の起源』, 1967 ; 미즈노 유우水野祐, 『日本古代國家の形成』, 講談社, 1978), 동쪽으로 진출해 가와치 왕조를 열었다.

'기마민족국가설'을 처음 주장한 에가미 나미오는 한반도에서 규슈로 건너온 정복왕의 시대가 4세기 초엽경이며, "숭신천황은 가야 땅에서 일본에 건너 온 정복왕"(에가미 나미오江上波夫, 『騎馬民族國家』 1967)이라 했다. 그러나 미즈노는 기원전 1세기 경이며, 5세기 경에 가와치로 진출했다고 보았다. 이노우에는 미즈노 교수 학설에 동조하였다. 그러나 미즈노는 "나는 인덕 왕조는 숭신 왕조하고 혈통적인 연관을 갖지 않은 기마민족의 정복왕조라고 풀이한다."(미즈노 유우水野 祐, 『日本國家の成立』, 講談社, 1968)고 주장했다.

도래인 하타秦씨와 아야漢씨

　고대의 문화전파는 '사람'에 의해 이루어졌음을 기억해야 한다. 일본열도로 문화를 가져간 사람들이 '도래인'이다. 흠명천황 때, 궁월군이 데리고 온 120현의 사람들이 있었다. 그들이 진한辰韓, 즉 진한秦韓이었으므로 진민秦民이 진씨 秦氏(하타 씨)로 불리었던 것이다(문정창, 『조선상고사』, 376쪽). 흠명천황이 즉위할 때도 진씨의 도움을 받았다는 기록들이 있다.

　"원년 8월, 하타씨秦氏, 아야씨漢氏 등 여러 나라에서 투화 해온 사람들을 소집하여 호적을 편성하였다. 하타인秦人의 호수가 총 7,053호였다."("欽明天皇元年八月, …召集秦人, 漢人等 諸蕃投化者, 安置國郡, 編貫戶籍, 秦人戶數惣七千五十三戶。"『일본서 기』)

　'하타秦씨'는 고도의 토목기술, 치수사업부터 거대고분 만들기, 양잠, 제지製紙, 공예, 예술에 능하였다. 하타씨秦氏는 교토의 광륭사에서 그 모습을 찾아볼 수 있다. 미륵보살 반가사유상이 있는 광륭사는 하타秦 씨족의 씨족절인 것이다. 그 수장首長의 칭호가 '우즈마사太秦'이다. 환무桓武천황이 794년 교토로 천도한 것은 하타씨의 재정적 후원으로 가능했다.

『야마토 탐방』에 "…귀화인이 나라 조정 말기가 되어도 다케치 군 인구의 8할-9할을 차지하고 있었다고 한다. 그 무렵 야마토의 가츠라기 지방에 있던 하타秦 씨가 이끄는 이주민은 나중에 야마시로국山城國(지금의 교토)에 자리잡고 재력을 쌓았으며, 그에 따라 나가오카長岡, 혹은 헤이안쿄平安京에의 천도가 이루어졌던 것이다." 이는 8세기말 제 50대 환무桓武천황 시대의 일이다.

하타씨족에 대한 연구들도 많다. 고지마 신이치小島信一는 『천황계도天皇系圖』에서 "천황가도 하타씨에서 나왔다"했고, 안토 테루구니의 『야마타이국은 하타족에 정복되었다』도 있다. 그런 하타 씨족이 역사상 전면으로 등장한 것이 야마시로, 교토에서다. 히라노 쿠니오平野邦雄는 『하타씨 연구』에서 "…고대문명사에 있어서 하타 씨가 발휘한 역할은 크다"고 하였다.

하타 씨는 신사와도 관련이 있다. 많은 도래인이 불교를 도입하고, 일본 각지에 사원을 건립하여 지식과 문화의 일대一大센터로 만든데 비해, 하타秦씨는 수많은 신사를 창건했다고 하였다. 전국에 많은 신사를 가진 하찌만八幡신사, 이나리稻荷신사, 그 외 히요시日吉신사, 고토히라金刀比羅신사, 하쿠산白山신사 등, 실로 많은 신사와 관련되었다.

일본에서 최초의 신사라 하면, 하찌만신궁을 꼽는다. 하찌만신궁은 한반도에서 건너간 하타 씨와 관련이 있다. 큐슈 후쿠오카현의 하타 씨족은 그곳 부젠豊前국 인구의 85%를 차지하였다. 그들은 그곳에다 우사하치만신궁宇佐八幡神宮을 세우고 씨족 신으로 하였다. 하치만 신궁, 하치만 신사의 하치만은 지금은 그렇게 읽지만, 원래는 '야하타', 즉 '여러 하타秦의 신궁, 신사' 라는 뜻이었다.

오노겐타로大野鍵太郎의 『가지鍛冶의 신과 하타씨 집단』에서 "부젠국 야하타신八幡神이란 바로 우사하치만 궁이다. 야하타 신의 '야' 는 많다는 의미를 가진 집합체를 표현하는 말이다. '하타' 는 하타 족秦族의 족칭을 나타내는 것으로서, 하타씨족이 공통으로 믿는 신, 즉 하타 씨족 모두의 신앙신이다. 하타 씨족은 분명히 고대 대륙으로부터 도래해온 씨족이다." 야스모토 요시노리安本美典는 『야마타이국邪馬臺國』에서 "우사하치만 신궁은 전국 4만 638개 하치만 궁의 총본사이다. 헤이안 시대로부터 이세신궁伊勢神宮과 나란히 황실의 조상을 모신 이소종묘二所宗廟로 숭상받고 있다."고 했다.

그래서 일본에 신도를 널리 퍼트린 도래인을 하타 씨라 보는 것이다. 신도는 죠몬繩文시대의 애니미즘과 관련된 것이라 하지만, 좀 더 자세히 보면 많은 부분 하타秦씨

교토 코류지廣隆寺의 진하승 부부상 |
진하승은 코류지를 창건한 신라인이며 조정의 재무장관이었다. 코류지는 교토를 개척한 진씨 가문의 씨사氏寺였으며, 큰 부호였던 진하승은 신라로부터 미륵보살반가사유상을 이곳에 모셔왔다.

와 연결된 면이 많다(『무』 2007.12). 하타 씨의 씨신은 오오사케묘우진大酢明神이다. 하타 씨가 신앙한 하찌만신八幡神의 하찌만八幡이 '이야하타大秦'이다. 그리고 하타 씨가 창건한 교토(우즈마사)의 가이코노 야시로(蚕의 社)에 있는 기묘한 삼본주三本柱의 도리이鳥居가 있다. 삼한, 삼신사상과도 연결된 것으로 보인다.

천황가를 지탱한 것은 도래인 하타秦씨였다. '하타 씨'는 식산호족殖産豪族이다. 전승에 의하면 마쯔노오松尾 대사를 창건한 것은 '하타노도리秦都理'라는 인물이었다. '도리都理'는 '도리鳥', 곧 제사祭司이다. 『하타씨본계장秦氏本系帳』에

의하면, 원래 아오이마츠리는 하타씨의 제례祭禮이며, 뒤에 가무賀茂씨에게 옮겨졌으며, 가미가모 · 시모가모上下賀茂신사와 마쯔노오대사松尾大社를 합쳐 '진삼소명신秦三所明神'이라 칭한다고 기록했다. 천황의 마쯔리와 아오이 마쯔리가 원래 하타 씨의 제례였다. 가무賀茂씨=하타씨는 천황가를 지탱한 제사집단祭司集團이다. 하타 씨는 대륙에서 건너온 도래인이었다.

한편 아야 씨漢氏는 고대 한반도의 백제, 안야계安耶系 (가야=안나 등을 포함한 가야제국加羅諸國이라고도 한다) 도래인이다. 이들은 후에 역시 백제계 도래인인 소가蘇我씨족과 더불어 아스카에서 대번영을 일으켰다. "일족은 수백의 성씨姓氏로 나뉘었다. 이들 수백의 성씨가 오늘날에는 다시 얼마 만큼이나 분화를 이루었을는지는 상상조차 할 수 없다." (야마카게 모토히사山蔭基央, 『야마토노아야씨倭漢氏의 변천』에서)

소가蘇我가문과 성덕태자

백제의 귀족 중 백제가 가장 강성했던 근초고왕 때 목라근
자木羅斤子 장군이 있었다. 비자벌(창녕) 안라(함안) 탁순(대구)
가라(고령) 등을 공격하여 백제의 동남부 강역을 확장하는데
큰 공을 세운 장군이다. 다음 백제의 19대 구이신왕 때 권력
자로 목만치木滿致가 보인다. 이후 고구려가 강성하여 남하
하는 개로왕 때에 목협만치木協滿致가 나온다. 그는 문주왕
과 조미걸취 등과 함께 한성을 벗어나 남쪽으로 내려갔다
(『삼국사기』 475). 문주왕이 웅진에 천도하여 안간힘을 쓰지
만, 문주왕이 암살되자 목협만치는 다시 일본으로 건너가
소가蘇我가문의 선조, 소가노마치蘇我滿智가 되었다(경도부립
대 가도와키 門脇禎二 교수). 소가노마치 외에도, 일본역사에
는 목협(라)만치木刕(羅)滿致, 목만치木滿致(『일본서기』)가 보인
다(김달수, 『일본속의 한국문화 유적을 찾아서2』, 대원사, 1999,
302쪽).

우지氏라 함은 상고시대 지배 토호층을 말한다. 나가소미

中臣, 모노베物部, 오오토모大伴는 직업에 의한 것이다. 소가蘇我나 기紀는 지명에 의한 것이다. 그 씨족의 유력자가 우지가미氏神를 모시고 씨족을 통솔하여 가바네姓를 정해 정치에 참여했다(서정범, 『한국에서 건너간 일본의 신과 언어』, 19쪽).

소가曾我,蘇我 씨는 백제 목협만치의 자손이다. 성을 '소가'라 한 것은 그가 처음에 정착한 곳의 지명, '소가'曾我에서 유래했다. 그래서 제 1대가 목라근자木羅斤資, 2대 목만치木滿致, 3대 소가노이시가와숙녜蘇我石川宿禰, 4대 소가노마찌숙녜蘇我滿致宿禰, 5대 소가노가라코숙녜蘇我韓子宿禰, 6대 소가노이나메대신蘇我稻目大臣, 7대 소가노우마코대신蘇我馬子大臣, 8대 소가노에미시대신蘇我蝦夷大臣, 9대 소가노이루가대신蘇我入鹿大臣으로 연결되었다(문정창, 『일본상고사』, 64쪽). 인덕천황 때, '황후를 위하여 가쯔라기부葛城部를 두었다'는 조치가 보인다. 이는 백제 목木씨 일문이 사는 가쯔라기葛城를 우대하기 위하여 취한 조치이다. 또 312년 후의 소가노우마코대신蘇我馬子大臣이 "가쯔라기현은 본시 신臣의 본거지이니 소가현蘇我縣으로 개칭하여, 신의 봉지封地로 하여 주시오"라 요청하기에 이른다(문정창, 『일본상고사』, 299쪽).

오늘날 나라현 가시와라시橿原市 이마이쵸今井町에서 소가천曾我川 중류에 걸치는 지역이다. 6-7세기 100년간 실질적으로 일본을 지배한 자가 소가 가문의 후손인 소가노우마코蘇我馬子였다. 소가노우마코는 6세기 말, 일본 최고最古의 사찰 아스카사飛鳥寺를 세웠다. 아스카사(호코지法興寺. 588) 불사 조영은 조정의 최고대신인 소가노우마코에 의해 이루어졌다. 이 절을 세울 때 백제 위덕왕이 588년 불사리, 기술자, 노반박사, 기

아스카 문화를 탄생시켜 일본국의 틀을 세운 성덕태자 상(백제 아좌태자의 그림)

와기술자, 화공 등을 보냈다. 불사리를 탑에 봉안할 때는 소가씨 일족 100여명이 백제 옷을 입고 의식을 거행했다.

소가노우마코는 백제대신의 직계후손인 셈이다. 100여년 세력을 과시하여 31대 용명用明, 32대 숭준崇峻, 일본 최초의 여왕인 33대 추고推古천황 등을 왕위에 올렸다. 거대한 고인돌 형식의 이시부타이石舞台 고분이 그의 묘로 추정된다.

그 가계에 성덕聖德태자(민달3년 574년-추고30년 622년)가 보인다. 최근 조작설 등 실존 여부로 논란을 일으킨 인물이

다. 고교교과서에도 '성덕태자의 정치'가 '추고조推古朝의 정치'로 바뀌었다. 황태자 제도가 이후 천무-지통조 때에 생긴 사실도 참조하고 있다. 지금까지는 일본역사에서 최초로 등장하는 위대한 인물로 알려졌다. 본명은 우마야도廐戸이다. 법흥사法興寺에서 고구려승 혜자惠慈와 백제승 혜총惠聰으로부터 불교를 배웠다.

성덕태자의 개혁, 특히 604년(추고12)의 '17조 헌법'은 유명하다. 제 1조가 "화和를 갖고 소중히 하라"이다. 왜 화和를 주장했을까? 화和는 사이를 좋게 하는 것이 아니라 다른 것을 잘 조합시키는 하모니이다. 이것이야말로 '문명'의 원리였다. 고대 문화의 전파와 도래인들, 그들 사이에 하모니가 필요했던 건 아닐까? 이카루가斑鳩의 법륭사法隆寺 주변에 성덕태자 신앙이 있다. 성덕태자는 현재 건축공인들의 신이기도 하다.

왜 오왕과 『신찬성씨록』

『조선사』를 편찬할 때의 이야기다. 조선측 위원들이 단군과 기자를 사실史實로 기록해야 된다는 주장에 대해 조선총독부 조선사편수회의 실질적 책임자 였던 이나바稻葉는 "인정할 수 없다" 했다. 그러면서 사실史實의 기재는 '중국사료'에 게재되어 있는지 없는지가 기준이라 주장했다. 다음 자료는 중국의 자료이다. 먼저 『한서漢書』 '지리지'에 "樂浪海中有倭人 分爲百餘國"이 보인다. 아직 일본열도가 통일되지 않았음을 뜻한다. 그리고 중국 『송서』에 '왜오왕倭五王'의 기록도 보인다. 찬讚·진珍·제濟·흥興·무武가 그들이다. 이는 중요하다. 아래는 그 일부이다. 여기서 과연 무왕은 누구일까?

"順帝昇明二年(478 : 인용자 주), 遣使上表曰 :「封國偏遠, 作藩于外, 自昔祖, 躬甲, 跋山川, 不遑寧處。東征毛人五十國, 西服衆夷六十六國, 渡平海北九十五國, 王道融泰, 廓土遐畿, 累葉朝宗, 不愆于。臣雖下愚, 胤先, 驅率所統, 歸崇天極, 道遘(遙)百

濟，裝治船舫，而句驪無道，圖欲見，掠抄邊，虔劉不已，致稽滯，以失良風。雖曰進路，或通或不。臣亡考濟實忿寇，壅塞天路，控弦百萬，義聲感激，方欲大舉，奄喪父兄，使垂成之功，不獲一。居在諒闇，不動兵甲，是以偃息未捷。至今欲練甲治兵，申父兄之志，義士虎賁，文武效功，白刃交前，亦所不顧。若以帝德覆載，此敵，克靖方難，無替前功。竊自假開府儀同三司，其餘咸各假授，以勸忠節。」詔除武使持節，都督倭新羅任那加羅秦韓慕韓六國諸軍事，安東大將軍，倭王。"(『宋書』卷九十七　列傳第五十七夷蠻　倭國)

　자색의 부분만을 간략히 정리하면, '백제로 가기 위해 배를 만들고, 고구려가 무도하여 우리나라를 삼키려 하고 주변을 약탈하려 해서… 신의 아비 제齊가 분노하여 군사를 일으키려 하였으나 갑자기 죽어, 아비와 형의 3년상으로 군사를 일으키지 못하다가… 이제 때가 되어 병갑을 가다듬고 부형의 유지에 따라 날랜 군사들과 문무를 닦아… 만약 천지와 같은 황제의 덕으로 이 강적(고구려)을 꺾어 난리를 평정할 수 있다면 어떤 공과로도 바꿀 수 없습니다' 라고 표를 올리니 조서가 내렸다는 내용이다.

　『일본서기』와 『삼국사기』를 보아도 475년에 갑자기 사망한 왕은 보이지 않는다. 다만 장수왕 침공으로 개로왕과 그 왕자가 고구려에 붙잡혀 죽은 일이 있을 뿐이다. 그렇다면 왜왕 무武=개로왕의 태자=사마(무령왕)로 추정할 수 있는 여지가 남는다. 무령왕릉의 묘지석을 보면, 무령왕을 사마왕斯麻王이라 했다. 그리고 『일본서기』에는 이렇게 쓰여있다.

> 武烈四百濟新撰云, 末多王無道, 暴虐百姓。國人共除。武寧立。諱斯
> 麻王。是混王子之子。則末多王異母兄也。混向倭時, 至筑紫嶋, 生斯
> 麻王。自嶋還送, 不至於京, 産於嶋。故因名焉。今各羅海中有主嶋。
> 王所産嶋。故百濟人號爲主嶋。今案嶋王, 是蓋鹵王, 之子也。末多王
> 是混王之子也。此曰異母兄, 未詳也。(『日本書紀』)

곧 무령왕은 사마왕이며 곤지왕의 아들이다. 곤지왕이 왜로 향할 때 쯔쿠시의 섬(각라도. 현재의 가카라시마 : 인용자 주)에서 낳았기 때문에 섬왕, 사마왕이라 했다는 내용이다. 이와 더불어 무령왕이 귀국 후 남제왕에게 주었던 인물화상경(오사카大坂 쓰다하치만궁 소장)에 새겨진 글도 보자.

> 癸未年八月日十, 大王年, 男弟王, 在意柴沙加宮時, 斯麻, 念長壽, 遣
> 開中費直穢人今州利二人等, 取白上銅二百旱, 作此鏡。

곧 "계미년 8월 10일 대왕(백제무령왕)의 시대에 오시사카궁에 있는 오호도왕자(남제왕男弟王, 계체왕)에게 무령왕(사마斯麻는 무령왕의 휘)께서 아우의 장수를 바라면서 개중비직開中費直과 예인穢人 금주리今州利 등 두 사람을 보내어 양질의 백동 200한으로 이 거울을 만들었도다"는 내용이다.

이런 자료들을 보면 볼수록, 『송서』에 기록된 왜왕 무武가 점점 백제의 무령왕일 가능성이 높아진다. 보통 '광개토대왕 비문'의 해석과 '칠지도의 명문'을 분석하여 논쟁을 벌이는 경우가 많았다. 『송서』에 '왜오왕倭五王'의 기록에서도 무왕이 왜倭, 신라新羅, 임나任那, 가라加羅, 진한秦韓, 모한慕韓의 '안동대장군安東大將軍'의 진위에 관한 논쟁에 치중한다. 하지만 여기서는 다른 시각을 제시하였다. 백제와 야마토 왜의 관계를 보여주는 하나의 자료이다.

1971년 발견된 백제 무령왕릉지석武寧王陵誌石 전문(필사본) | 지석은 무덤의 주인공이 '영동대장군 백제 사마왕'이며 '계묘년(523) 5월 7일 붕崩했다'고 전하고 있다. 이것은 『삼국사기』 무령왕조에 '왕의 휘諱는 사마斯摩'요, '재위 23년(523) 5월 훙薨했다'고 기록한 내용과 일치한다.

寧東大將軍百濟斯麻王 年六十二歲癸卯年五月丙戌朔七日壬辰崩 到乙巳年八月癸酉朔十二日甲申 安厝登冠大墓立志如左 영동대장군 백제 사마왕께서 62세 되시던 계묘년(523) 5월(丙戌) 7일(壬辰)에 붕어하셨다. 을사년 8월(癸酉) 12일(甲申)에 이르러 안장을 하고 대묘에 올려 모시니, 기록하기를 이와 같이 한다.

참고 문헌

〈단행본〉

증산도도전편찬위원회, 『도전道典』, 대원출판사, 2003.

『일본서기日本書紀』

『고사기古事記』

『만엽집萬葉集』

『속일본기 續日本紀』

『신찬성씨록新撰姓氏錄』

『환단고기』

『삼국사기』

『삼국유사』

『화랑세기』

『용담유사』

『삼국지三國志』

김달수, 『일본속의 한국문화 유적을 찾아서』 1-3권, 대원사, 1999.

김달수, 『일본속의 한국문화』, 조선일보사, 1986.

김사화, 『일본의 만엽집』, 민음사, 1987.

김성호, 『비류백제와 일본의 국가기원』, 지문사, 1982.

김성호, 『씨성으로 본 한일민족의 기원』, 푸른숲, 2000.

노성환 역주, 『일본 고사기』 1-3권, 예전사 1987.

모리 히로미치(심경호 역), 『일본서기의 비밀』, 황소자리, 1999.

무라오카 츠네츠쿠(박규태 역), 『일본신도사』, 예문서원, 1998.

문정창, 『일본상고사』, 백문당, 1970.

박규태, 『일본의 신사』, 살림, 2005.

박성수, 『단군문화기행』, 서원, 2001.

서정범, 『한국에서 건너간 일본의 신과 언어』, 한나라, 1994.

성은구 역, 『일본서기』, 정음사, 1987.

스콧 리틀턴(박규태 역), 『신도』, 유토피아, 2007.

신이치로(안희탁 역), 『백제에서 건너간 일본천황』, 지식여행, 2002.

안경전 역주, 『삼성기』, 상생출판, 2009.

안경전, 『개벽 실제상황』, 대원출판사, 2005.

안창범, 『천지인 사상과 한국 본원사상의 탄생』, 삼진출판사, 2006.

와다나베 미츠토시(채희상 역), 『日本 天皇 渡來史 : 일본 천황은 한국에서 왔다』, 知文社, 1995.

우실하, 『(동북공정 너머) 요하문명론』, 소나무, 2007.

이능화, 『조선신사지』, 동문선, 2007.

이영희, 『노래하는 역사』, 조선일보사, 1994.

이종기, 『일본의 첫 왕은 한국인이었다』, 동아일보사, 1997.

임길채, 『일본 고대국가의 형성과 칠지도의 비밀』, 범우사, 2002.

전상기, 『日本 古代天皇은 百濟王의 後孫이다』, 知文社, 2000.

전용신, 『완역 일본서기』, 일지사, 2005.

정연규, 『슈메르·이스라엘 문화를 탄생시킨 한민족』, 한국문화사, 2004.

최광식, 『단재 신채호의 '천고'』, 아연출판부, 2004.

최성규, 『일본왕가의 뿌리는 가야왕족』, 을지서적, 1993.

최재석, 『百濟의 大和倭와 日本化過程』, 一志社, 1990.

최재석, 『일본 고대사의 진실』, 일지사, 1998.

한영우, 『다시 찾는 우리역사 1』 경세원, 2005.

홍성화, 『한일고대사 유적 답사기』, 삼인, 2008.

홍윤기, 『일본 문화백과』, 서문당, 2000.

홍윤기, 『일본 속의 백제 구다라(白濟) 오사카 백제, 아스카 백제』, 한누리미디어, 2008.

홍윤기, 『일본 천황은 한국인이다』, 효형출판, 2000.

홍윤기, 『일본문화사』, 서문당, 1999.

新村 出, 『廣辭苑』, 岩波書店, 2008

小山修三, 『繩文時代 : コンピュータ考古學による復元』, 中央公論社, 1984.

酒井改藏, 『日本書紀の朝鮮地名』, 親和, 1970.

光岡雅彦, 『韓國古地名の謎』, 學生社, 1982.

八木莊司, 『古代からの傳言(고대로부터의 傳言−壬申의 亂)』, 角川文庫, 2007.

關裕二,『壬申の亂の謎』, PHP文庫, 2007.

金澤庄三郎,『日鮮同祖論』, 汎東洋社, 1943.

井上光貞,『日本國家の起源』, 岩波新書, 1967.

水野祐,『日本古代國家の形成』, 講談社, 1978.

江上波夫,『騎馬民族國家』, 中公新書, 1967.

水野祐,『日本國家の成立』, 講談社, 1968.

金達壽,『日本の中の朝鮮文化』1~12卷, 講談社, 1984.

崔南善,『朝鮮と神道』, 中央朝鮮協會, 1934.

〈논문〉

김철수, "일본의 신관",『동서양 신관』, 증산도상생문화연구소, 2007.

김현구, "6세기의 한일관계,"『한일역사공동연구보고서』, 한일역사공동연구위원회, 2005.

김후련, "日本古代における伊勢信仰の成立と王權との関係",『일본연구』22호, 2004.

이강식, "『화랑세기』를 중심으로 본 신라 천신교와 신선합일 조직사상에서 형성한 화랑도조직의 창설과정",『경주문화논총』4집, 2001.

정효운, "일본 율령국가와 통일신라의 형성에 관한 일고찰",『신라문화』25집, 2007.

최재석, "고대일본으로 건너간 한민족과 일본원주민의 수의 추정",『동방학지』61, 1989.

최재석, "日本古代天皇原籍考", 『한국학보』 51, 1988.

최재석, "일본원주민의 문화수준과 고대일본의 개척자", 『동양사학연구』 30, 1989.

최재석, "화랑의 사회사적 의의", 『화랑문화의 재조명』, 서경문화사, 1991.

홍윤기, "백제왕족 후지와라 가문의 사랑 '가스카대사'", 세계일보, 2008.5.14.

홍윤기, "일본천황가 연구 1" 『월간조선』 1998.1.

久米邦武, "神道は祭天の古俗", 『史學會雜誌』 10-12월, 1891.

今村鞆, "新羅の花郎を論す", 『朝鮮』 161, 1928.